舞台監督読本

舞台はこうしてつくられる

舞台監督研究室 編・著

四海書房

カバーデザイン：藤岡文吾

はじめに

　演劇表現の多様化によって、舞台監督業務の受け持つ範囲も多岐にわたり、旧来からの「演出家の代行」という括弧ではくくれなくなってきているのはあきらかです。

　私たちはここ数年来、舞台監督業務の実態を検証し、舞台監督は何をやっているのか、舞台監督の職責・本分とは何なのかということの議論を重ねてきました。

　新型コロナウイルス禍という中で、舞台監督の職責自体も新しい意味を持ってくるかもしれませんが、まずは今の議論の到達点をテクスト化することで、舞台監督のかたちの問題提起とすべく、ここに本書を上梓することとなりました。

　検証作業はほぼ演劇に限って行われましたが、オペラ・コンサートなど他ジャンルとも通底するものでありますから、このような試みが舞台監督のみならず多くの舞台関係者のあいだで共有できることを希望するものです。

　本冊子の構成は第1部を舞台監督とは何かということの考察にあて、第2部では、チームとしての舞台監督業務について記述しています。

　まだ端緒についたばかりですが、この私たちの検証行為が実践現場の向上にいくばくかでも寄与できることを願っています。

舞台監督研究室一同

目次

第1部 舞台監督の考察

第2部 舞台監督の実際

1. 実務と各セクション

2. 実務のあれこれ

第 1 部

舞台監督の考察

 序文

舞台監督のはじまり

澁谷壽久

　初めに二人の人間がいました。一人は俳優と名乗り、一人は観客となりました。演劇の始まりです。

　最初は自分のコトバを語っていた俳優でしたが、ある時物語を語りたくなりました。劇作家の登場です。劇作家の作った物語には複数の登場人物がいたので俳優が増えました。何人もの俳優の交通整理をしたり、物語をわかりやすくする表現を考えるために演出家が生まれました。

　ある時演出家は舞台に一本の柱を立てたくなり美術家を呼びました。美術家は俳優に何を着せるかも考えました。また演出家は物語の中で音楽を使いたくなり音楽家も呼びました。そして音楽に合わせた踊りが欲しくなり振付家も呼びました。舞台は楽しいものになり観客が増えていきました。

　ここまでが古代の話。

　時がたち演劇は室内や夜に行われるようになり、照明家や音響家が登場しました。照明家は物語に明るさと色合いをあたえました。音響家は観客みんなに物語が伝わるように工夫しました。観客もどんどん増えていったので専門の制作者も必要になってきました。こうして演劇には沢山の人が関わるようになりました。

　ここまでが近代の話。

　俳優が増え、物語は複雑になり、各プランナーが沢山のアイデアを出すようになると、演出家だけでは整理しきれなくなってきました。また劇場も大きくなり、そこで働く人も増えてきたので、とりまとめ

る人が必要になりました。ついに舞台監督の登場です。

　このように、おそらく最後に生まれた役割である舞台監督が、どのような仕事をしてどのようなことを考えているかを、舞台監督研究室のメンバーがこれからお伝えしていこうと思います。

視点とスタンスについての考察

浅香哲哉

舞台監督の仕事

　それは、それぞれの参加するカンパニーの在り方と、そこにどうやって参加するか、その参加の仕方によって、その内容は変わる筈である。その製作母体がどういうところであるのか、どのような企画にもとづいているか、ジャンルはもちろん、その規模によっても変わる筈。

　各カンパニーの在り方、技術監督やプロダクションマネージャーの有無などによって仕事の範囲は変わるし、小さなカンパニーであれば、あらゆることが責務となる可能性さえある。仕事の依頼され方にも影響を受けるかもしれない。制作から依頼される場合、演出家に求められる場合、カンパニーに所属している場合。それぞれの立場の違いで、やり方ばかりか、やる内容さえ変わるかもしれない。変わることはやむを得ないとしても、果たして本当にそのままでよいのであろうか。

　舞台監督の仕事の内容というより、その仕事の本質とは何であろう。本来のその必要条件は？　十分条件は？　それこそが、今、我々が求めようとしているものである。経験と知識をもとに、それらの事をどのように考察すればよいのだろうか。

あるべき視点

　様々なドラマツルギーは全て、より良い演劇創造を求め、観客の満足を得ようとするものだと単純に考えたとして、演劇は総合芸術として、演者を初めとする参加者は、それぞれがそれぞれの立場で芸術性を発揮することになるが、一般的には、それら芸術的なまとめをするのが演出で、そのもとで参加スタッフ・キャストを統一させることに

9

なる。

　とするならば、舞台監督はその手足となって、技術面を含むスタッフワークとしてサポートすることに徹すればよいのだろうか。

　創造作業に葛藤があるのは当然だし、演出家至上主義でなければならぬ必要もない。かといって自分のドラマツルギーを押し付ける事ですませて良いわけでもない。では、どうすれば……。舞台監督に本質的に必要とされるのは何であろうか。

　何よりもまず、演出家と向き合う以前に、そのカンパニー・公演の在り方を知ることが不可欠ではないか。制作者がどのような意図をもって、その公演をやろうとしているのか、そのコンセプトは？　そのターゲットは？

　なぜこの作品をこの演出で、この演者を使って、一体何を表現しようとしているか。

　概要が予算も含めて、期待した通りになってはいなかったとしても、その意図を知る必要があるべきだ。

　制作者から直接に聞くことがなかったとしても、カンパニー全体から鑑みて、それを類推しなければならない。自分を雇ってくれている金主が製作者であるからというのではなく、全てのことがそこから始まっていると認識した上で、演出家の芸術的視線を超えたところから、そのカンパニーを鳥瞰すべきである。

　もし、製作者自らがそのコンセプトを忘れるようなことがあれば、相手が製作であっても指摘すべきである。（文学性が低いなどと言って、話をはぐらかしている輩がいる場合などは特に気をつけよう）何を創ろうとしているのか、何をやらなければならないかを知らずにして進めるなら、表面上は舞台監督の仕事をしてはいても、本質的なことを見失って、自分の存在自体が無意味なものにしてしまう虞さえある。方向を見失わないこと。視点を定めよ。

立ち位置（スタンス）

　これまでの考察からすると、舞台監督は製作者のもとで、その意図にもとづいて仕事を推し進めることになる。そもそも、演出家も、それぞれの公演の意図にもとづいて選ばれたわけであるからその方法は違っても、方向性に違いはない筈だ。

　では、舞台監督は演出家の立場とはどう違うのか。舞台監督は演出家のもとで、演出作業及び、その効果が最大限に発揮できるよう努力・協力する。果たしてそれだけで済むのか。芸術的側面で演出のサポートをすること（本当は是非、演出サイドにその仕切りはお願いしたいものだが）以外に、技術的側面のリーダーシップを発揮し、さらにスタッフを初めとするカンパニー全体（もちろん演出家も含む）をまとめ（各セクションの緩衝材になることだって必要になるかもしれない）、制作・プロダクションマネージャーと共に公演の目標（視点）に向かって駒を進めることこそ肝要なのではないか。

　それらは制作の仕事だというのであれば、その仕事が順調に進んでいるのか。その運営の管理監督と、円滑に進行しているのかを注視しなければならない。その為には、制作以上に制作の能力が必要とされ、しいては、芸術性の側面においては、演出家以上に演出能力と、その理解が必要となってくるかもしれない。

　と、言ったからといって我田引水的自己満足自己主張は控え、あらゆる地点で、参謀的スタンスが望ましいのではないか。知識と経験と、さらなる当該公演のための調査・準備を下地に持って作戦立案する。カンパニーが、演出家に委ねているのであれば、補佐役に徹すればよい。全て視点にもとづきスタンスを決めよう。

　舞台監督はスーパーマンでなければならないようにきこえる。しかし、そんな人間を探すのは難しく、どこにでもいるわけではない。だからこそ目標を定め、当該のカンパニーから求められたことを心の頼りに、足らぬところも演劇的良心と誠意（これもまた考察が必要だが）

をもって、公演することに邁進しよう。

第1部　舞台監督の考察

1. 事前準備

台本の読み方
（舞台監督がどう向き合うか）

矢野森一

　作品を作り出す上で、演劇、コンサート、イベント等の舞台監督はその作品を理解するために台本を深く読み込む必要があります。

　そしてそれは、演出家、デザイナーの求めるプランを安全により良い仕上がりに持っていくためにもおこなうべき行為です。

　台本の読み方とは、その構造と作者の意図を解析し、舞台監督としてどのようなスタンスで作品と向き合えばいいのかを考える行為です（この段階では演出家と話し合う機会が少ないので、まずもって舞台監督自身の向き合い方ということです）。そのような観点から以下に演劇、ミュージカルに限って箇条書きにして解説します。

構成法

どんなジャンルの作品でも、起承転結があります。

［起］物語が起こることから始まります。

　　　・登場人物の紹介、場所の説明、時代（時間）の説明

［承］起こった出来事を受け継いで事が進みます

　　　・ここでは伏線を張ることが多い

［転］進むに連れて新たな、そして物語最大の山場が待ちうける。

［結］あらゆる出来事に決着が付いて、物語の最後とする。結末がないのも結末

ただ、順番は［結］が最初で謎解き等があることも

構造、背景、意図

「構造」

1 一重構造
　単純な恋愛物、喜劇もあり悲劇もある（ミュージカルに多い）
2 二重構造
　例えば、主人公と敵対する者を二重に描く
　劇中劇
　語り部が劇の外で解説する
　過去に戻ったり、違う場所に行ったりする
3 三重構造
　劇中劇＋語り部
4 その他の構造
　ピーター・シェファーの「ブラックコメディ」は演劇的な構造。
　舞台が最初は真っ暗で『電気が消えた』で明るくなる
　（これは演劇でないとできない構造です。観客が最初に暗闇を
　感じているからです）
「背景」
1 時代
　どの時代を選んでも現代との対比
　政治情勢は
　経済状態は
　生活〜衣食住、流行
2 時間
　昼、夜、朝、いろいろな時間に意味がある
3 場所
　『どことも分からない場所』と書かれていても、風景を考える
4 人物
　登場人物の【役割】を考える
　例えば、シェイクスピアの伝令は外の情報を伝える。場面を切
　る役割。昔の作品でも【今を生きている人間】として考える
　人物の関係性を図式化する（主人公と対立関係を赤線で愛情

がある関係は二重線。それ以外は黒線で描いてみる）

「意図」

    1 結末から逆算する

    2 何も起きずに観客が考える（例えばベケット）

    3 観客を嘘の場所（時間）に連れて行くか？

    4 教訓や教えがあるか？

上記の事柄を踏まえて美術、衣裳、音響、小道具等を考えることが必要です（ト書きと合わせて読み解いていく）

作者がどう作るか

    1 箱書から作る

     人物、場所、時間を設定してから起承転結を考える

     （推理小説の方法をよく用いる）

    2 台詞から作る

     大筋を決め、稽古場で稽古をやりながら作っていく

     （つかこうへい）

    3 テーマから作る

     政治、宗教等がメインテーマに沿って書かれていく

     （政治―木下順二、宗教―田中千禾夫）

★舞台監督として基本的には作者がどう書いたかを考えるが、演出家の方向性（喜劇でいくのか？　悲劇で行くのか？）に則ったかたちで解釈を深めていきます。

チーム作り

澁谷壽久

　舞台監督の仕事は一人ではできない仕事です。そのため「舞台監督助手」あるいは「演出部」と呼ばれるスタッフチームを作る事が必要です。舞台監督一人で乗り込んで他は劇場の職員だったり、プロデューサーが集めたメンバーと仕事をすることも特殊な例としてありますが、多くの場合は舞台監督が人集めをして『チーム作り』をすることになります。

　チームを編成する時期に関してはケースバイケースです。作品の内容が不確定の段階でオファーを受けた場合は、まず必要最低限の助手を選ぶことになります。大道具、小道具、衣裳等各部門に精通したメンバーを集め、それぞれの打ち合わせや発注に同席してもらい各部門の進行をある程度任せることにより、舞台監督は全体を見渡せる余裕を持つことができます。

　往々にして予算の関係で少ないメンバーでやらなければならないことがありますが、その場合はいくつかの部門を掛け持ちできるスキルが助手には求められます。優秀な助手の人材はできるだけ早く押さえなければなりません。したがって舞台監督のオファーが来たらすみやかに『チーム作り』をすることが必要となります。

　作品の内容や規模が確定するとその他の本番付きのメンバーを集めることになります。大人数になると年齢バランスや相性も加味して円滑なチームを作れるように配慮することが大切です。個性派集団にするか、イエスマンの集団にするか、忖度集団にするかは舞台監督の好みに任されます。

舞台監督は芝居作りの過程において様々な事柄を検討し、演出家やプランナーの意見調整を行い円滑に進行していかなければなりません。そのために様々な図面や書類を作成し説明していくことになります。それらの内容を共有して理解し、舞台監督の仕事の負担を軽減してくれるチームメンバーこそ、舞台監督にとって最も大切なものなのです。

予算について

岩戸堅一

　舞台監督は予算を管理するというのでなく、予算をどのように製作者（プロデューサー）が考えているかを知らなければ、製作者との交渉等が難しくなる。

　舞台費等を任される時は全体を把握する。（ギャラ交渉にも）
また、興行としてプラスになり次の作品ができるようにすることが大事になる。

１、規模の把握

　仕事の依頼を受けた時点で、劇場、作品、演出家、キャストなどは既に決まっていることが多い。

　劇場の大きさ（収容人員）とステージ数、地方公演のステージ数を考える。

２、総収入の把握

　収容人員×ステージ数×入場料で最大の収入が確定する。

　これにチケットバック後の比率（だいたいは65％、キャストによっては75％から85％）を掛けたものが予想される最大の収入になる。

　地方公演のステージ数×単価（¥150万〜300万）

　スポンサーの有無（宣伝費がかからない時が多い）

３、予算の項目

　＊劇場費（付帯備品が付く劇場もある）

　＊出演料（演出料を入れることもある）

　＊台本使用料（海外作品の場合色々ある）

　＊舞台費（美術、照明、音響、衣裳、トランポ他、舞台監督及び

助手料も含む）
　　＊プラン料（美術、照明、音響、衣裳、舞台監督等）
　　＊宣伝費/広告費
　　＊稽古場使用料
　　＊雑費＋予備費（保険、弁当、交通費、謝礼等）

　作品の性格、演出の方向性、出演者の動員力等で予算の振り分けが
変わる。
　準備段階では製作者がどのように考えているかを考える。
　作品を成功（大入り）させることは大事だが、安いだけではなくク
オリティーを保つ必要がある。
　しかしながら製作陣はもちろんほとんどの作品において収益は予想
されていて各部署の予算枠は想定されている。
　舞台監督としてはその限られた予算の中でどうすればよりお客様に
対して各部署が語り合ったプランを現実的に提供できるのかを模索す
ることになる。

　現実的には以下のことが考えられる。

A各セクションのプランを尊重し想定予算を超えてしまう
B予算を遵守しその限りでできる範囲にプランを構築する
C総予算の見直しを図り調整する

Aの場合：あまり歓迎できる判断ではない。
　　　　　今一度各プランナーと作品について話し合い妥協点を探す
　　　　のが賢明。さりとてどうしてもプランを実現したい場合は
　　　　戦うべき。
　　　　　製作陣のお財布は時に膨らんだり縮んだりお財布ごと増え
　　　　たりもする。

Bの場合：一般的にはこの場合が多いと思われる。

つまりあらかじめセクションごとの予算を製作が見積もっていて、その予算に合わせたプランなりプランにともなう人員の配置をする。

しかしながら劇場入りの間際になり各セクションからの追加予算の依頼（人員や機材、車両など）を相談される場合が多々あるのも事実であり、舞台監督は必ず製作者立会いの元で話し合いを行うべき。

Cの場合：総予算の見直しをするまで予算が膨らんだ場合は各業者への相見積もりやプランナーの見直し、チケット代金や公演回数の見直しなど、かなりさかのぼって見直しを迫られることになる。公演の企画自体の見直しも含めての再スタートとなる。舞台監督は色々な情報を集め先々を見通し、極力無駄な出費を避けなければならない。（演劇及び舞台公演は無駄の極致かもしれません。何百万もする道具を廃棄してしまうし、せっかく作成した作り物や小道具等も倉庫の肥やしになってしまいます）

それでも人々を感動に向かわせなくては……

＊稽古道具はどこまで必要か？　本番道具を使用できないか？

＊張り出し舞台の場合　客席数×ステージ数×入場料

　この金額は美術予算から捻出するのか？

＊舞台雑費の倹約

＊時間と人数の使い方（アルバイト及び現場作業員の人数）

　（宅送にしないで切り上げるか？　終電時間の把握）

いずれにせよ舞台監督は色々と経済を考えてやらなければならない。

公演場所

田中伸幸

　公演をする場所として、屋内の劇場・野外の劇場・スタジアム・体育館・公園・テント・路上・教室など様々な場所がありますが、作品を創造（想像）する上で、舞台監督としての考え方は基本的に変わりません。

　私たちが使用する場所はほとんどが劇場ですので、使用する場所を劇場に限定して話を進めていく事にします。

　劇場を決めるにあたっては、プロデューサー（企画製作者）が決める場合・プロデューサー（企画製作者）と演出家とで決める場合がほとんどなので、オファーが来た時点では劇場が決まっている事が多いです。

　劇場が決まっている場合でも舞台監督に相談される事も多々あります。

　劇場を決める条件として客席数（動員数とステージ数）・使用料（劇場費・備品使用料・付帯設備費など）・交通機関（最寄り駅からの距離など）などが重要な条件になります。

　舞台監督の仕事として、劇場から平面図（間口・奥行き・舞台袖中など）、断面図（高さ・吊物の関係など）、機構リスト（電動バトン・手動バトン・盆・迫り・スライディングステージなど）、照明資料、音響資料、楽屋配置図、備品リスト（料金表）、禁止行為解除承認申請、搬入条件などの必要書類や情報収集をしておく事がとても重要になります。

　本番要員として操作盤操作員、安全監視員、大道具要員、手動バト

ン操作員、照明操作員、音響操作員、映像操作員など劇場技術が配置される事が多々あります。本番をスムーズにおこなうためには劇場技術者とのコミュニケーションを密に取ることがとても重要です。

　舞台監督として最も重要である「安全の確保」と「時間の管理」のためには、劇場条件・劇場資料・劇場技術者などを考慮し活用する事を前提に公演全体の流れをシミュレーションしておく事が、舞台監督として必要不可欠な仕事となります。

スケジュール

浅香哲哉／大刀佑介

　舞台監督は公演日程、稽古期間、仕込み期間、地方公演など全体スケジュールの把握、確認、および与えられた時間の配分（休憩時間を含め）の検討を事前に行っておかなければならない。

全体スケジュール

　舞台監督は、公演全体のスケジュール（公演日程、特に仕込みや舞台稽古、移動などに伴う行程、稽古期間など）に無理がないのかを考え、実際に稽古の進行スケジュールや仕込みのタイムテーブルを組み立てていくことになる。

　仕事の依頼がある時点では既に公演の期間、仕込み期間、稽古期間などのスケジュールは決まっていることが多いが、問題や懸念事項があった場合はいち早くプロデューサーと話し合い、必要な対策を検討する。具体的には深夜作業、動員、作業用に別稽古場を借りるなどである。さらに、演出プランや、それにもとづくスタッフワークを限定的にすることなども場合によっては必要となり、状況の説明が求められることもある。どうしても幕を開けることに注力しがちだが、撤収、巡演、再演の日程も頭に入れて常に全体のスケジュールを把握しておかねばならない。

稽古スケジュール

　稽古内容、進行に関しては演出家、演出助手が決めることが主だが、稽古内容に合わせて臨機応変にスケジュールを対応していく必要がある。進行する立場の人間がいない場合にはそれを兼ねる場合もあるので、稽古の進行に際しては、香盤表、キャストのＮＧなどの情報を把

27

握した上で臨機応変な対応が求められる。

　舞台監督は演出家との打ち合わせから、稽古進行の方向性を確認し、稽古内容に合わせた各項目（稽古場仕込み、各打ち合わせ、衣裳合わせ、通し稽古など）の締め切りを想定してスケジュールの助言をおこなう。また、スタッフサイドの希望、スケジュールを把握し、調整役にもなる。

　稽古と並行してのスタッフワーク（打ち合わせや作り物、衣裳合わせなど）のスケジュール管理も舞台監督の重要な仕事である。稽古中に出た課題の解決に必要な時間や作業進行のスケジュールを臨機応変に修正しながら稽古を進行していくことになる。

　その他、稽古場スケジュールに関して把握すべきこととしては、稽古場の移動の有無、稽古場の利用時間、稽古休みの決定、キャストのＮＧなどがある。

劇場入後のスケジュール

　舞台監督は小屋入りから初日（予め決められていることが多いが）までの時間配分をおこなう。仕込みスケジュールはバラシ時間や以降の地方巡演のスケジュールを鑑みる必要がある。地方巡演がある場合は東京公演ほど時間を取れないことがほとんどなので、その際にも無理がないような仕込みにできるかを考慮する必要が出てくる。

　公演スケジュールは制作が決めるが、終演作業時間と退館時間の兼ね合いを考え、バラシ時間等の制作への助言が必要となる。その他、アフターイベントが入ることもあり、調整が必要になる。

　最終公演の開演時間から、バラシ開始時間と終了予定時刻を予測しておく。これは、劇場退館時間との兼ね合いもでてくるので、延長、増員が必要かどうかを見当付けておくことになる。

　さらに、地方巡演のスケジュールに関しても、全体スケジュールでも述べたが、無理がないかを十分に検討する必要がある。もちろん、運搬などおおよその時間は事前に把握しておく必要がある。

　以上のスケジュールを把握した上で、稽古スケジュールに立ち戻り
逆算的にスケジュールを組み直す。仕込み時間や、舞台稽古の時間か
ら稽古場で解決せねばならないことを整理する。すべて、プロデュー
サーや制作との連携で進めることが肝要で、制作サイドの企画・製作
意図を汲んだ上で考える必要がある。

稽古場

みかみつかさ

　仕事の依頼が来て稽古に入るまでの間、舞台監督は「稽古場」に対してどのように考えているかを記述します。

　稽古期間の長短に関わらず、劇創造にとっての拠点となる稽古場を日々管理する立場の舞台監督は、稽古に入る前にその【場】の諸条件を知って、どのように稽古に臨むかを考えておく必要があります。

　劇団や大きなプロダクションの場合は自前で稽古場を持っていることがありますが、ここではプロデュース公演における貸し稽古場ということで話を進めます。いずれにしても【場】に対する視点に大きな違いはありません。

　稽古場も劇場と同様、私たちに仕事の依頼が来る頃にはすでに決まっていることが多いのですが、まずもってプロデューサーと演出家の作品を上演する方向性を理解した上で、上演される作品に見合った稽古場であるかどうかを、検討・共有することは必要かと思います。

　予算面の問題もあり、十全なる稽古場を利用することはほとんど皆無ですが、例えば吊り物機構や特効などが多用されると予想されたり、唄・踊り・立ち回りなどが多く、本稽古の時間が十分取れそうもないと思われた時などは、別の稽古場を確保する可能性についても相談することになります。

　そしてこの事前準備の段階では、上演する方向性に則っていかに本番に近い形で稽古ができるか、稽古がスムーズにおこなわれて舞台稽古まで問題を残さないことができるか、さらにはアクシデントなどに対してどう対応するか、などをシミュレーションすることが（机上ではありますが）稽古場への対応の仕方となります。

具体的には、稽古進行の予測を立て、問題点を抽出し対応策を考えるために稽古場の調査を行います。図面を入手することは必須ですが、詳細など分からないことが多いので、現場を実地見聞することが大事です。（さらに言えば見聞をもとに自分で稽古場図面自体を引く必要も出てきます）

　最後に稽古場に対する調査項目を列記します。

構造の把握

・大きさの把握

　アクティングエリアのみならず、袖周りが確保できるか

　各席など机をどう配置できるか。作り物などのスペースを確保できるか

　稽古の邪魔にならずに打ち合わせなどできるか

・搬入出条件

　何階か。トラックヤードの形状。トラックの停め勝手。稽古場と直結しているか

　荷物の捌き勝手。（搬入出条件は時間、人手など予算面にも影響を及ぼす）

・床、壁、梁の素材

　床は裸足に耐えられるか、硬さは。壁面に手を加えられるか

・コンセントの数、持ち込み電源の有無、電気容量の確認

使用条件

・利用可能時間帯

・床の釘打ち、テーピングなどの確認

　（竣工当時の姿を保てと言わんばかりの過度な制約には抗議する）

・備品にはどのようなものがあるか

　特に机、椅子など（椅子の音にも注意）

・作り物などの作業ができるか

　　特に塗料使用に注意
　・スモーク使用の可否

環境の把握

　・空調
　　冷暖房のほか換気や湿度調節など、どの程度整っているか
　・トイレ、着替え場所
　　数や清潔度、ロッカーの有無
　・防音
　　内外部の音漏れ〜最も重要といってもいいかもしれない
　　稽古の邪魔になること以外に、録音することもあるし、スピーカ
　　ーの音で外部からのクレームもありうる
　　雨音が激しく聞こえ、支障をきたすこともある
　・照明
　　外光を完全に遮光できるか
　　常設の照明機材は蛍光灯か白熱灯か、回路は何回路か、調光でき
　　るか（ほとんど期待できないが）

　以上、これまで書かれたことは、あくまでも稽古の準備というより
は稽古場の準備ということです。勿論稽古を想定しての準備ですが、
ここではあえて【場】に対しての観かたを記述したのであって、稽古
用装置図面の作成や大道具・小道具の準備、その他打ち合わせなどの
業務内容にはふれていません。
　繰り返しになりますが、この時点では稽古が始まって起こりうるリ
スクをいかに減らせることができるかを想定し、対策を立てておくこ
とが肝要になります。

2．稽古期間

稽古期間

矢野森一

　この期間は作品作りに一番大事な期間です。

　準備期間で集めた情報の修正、整理が必要です。その新しい情報を各セクションに正しく伝えることが必要です。

　例えばスケジュールは美術、照明、音響等の仕込みの具合で準備段階での時間割から大きく変更することを考えなければならないことが多くあります。ただし、安全を十分に考慮し、休憩時間を守る必要はあります。

　舞台稽古の時間割も仕掛けものや転換等で変更を考える。

　ここで重要なことは演出家の方向性を理解し、時間と経済を考えることです。

　スケジュール等情報の変更をいつ発信するか？　これはとても難しいことです。何度も何度も変更のスケジュールを出してしまうとどれが正しく、新しい情報だとわからなくなる恐れがあります。新しい情報を出すタイミングは大事です。

　「いつ」「誰が」「誰に」言うかを考えながら行動する。大枠のスケジュールが出たら、仕込み5日前あたりに確定を出せばいいかと思います（照明の仕込み図が出てからスケジュールの修正すること多々ある）。

　稽古期間に劇場、工場(美術)、消防の打合せ等で稽古場を離れる時は、いない間の変更等をスタッフ、キャストに確認する。その後の稽古はなるべく新しい目を持って見て行くと新しい発見が出てくるものです。

　通し稽古が始まる頃からは舞台稽古と本番のシミュレーションをし

ます。

・どこでトラブルが発生するか？（時間あるいは人為的ミス）

・事故の対処法（怪我の時の病院等）

　色々とうまくいかない事を数多く考えておきます（考えすぎることはない）。

　この稽古期間では経験則で考えず、イメージを膨らましマネージメントすることで、より良い作品にすることが大事です。

予算執行について

浅香哲哉

　稽古中の稽古の進行は、基本的には演出家を含む演出部がおこなうということを前提にすれば、稽古中の舞台監督は、稽古場の管理と運営、およびスタッフワークの統括と進行をおこなうことが主であり、稽古の進行に関しては、演出部の相談にのり、助言、進言、提言、アドバイスをすることになる。

　予算についても同様で、スタッフの予算を任されることはあるが、予算を管理するのは全ての予算を把握している制作の範疇であって、あくまでも舞台監督の本来の立ち位置はアドバイザーである。それは、事前準備における予算計画についても同様である。

　スタッフ部分の予算が、予算計画に則ってその執行が適正に行われているか管理するばかりでなく、その運営に当たって、各スタッフ間の調整をおこなうことも必要になってくる。稽古が進行すると、各プランとの兼ね合いで、当初の予算計画通りに行かなくなる場合があるからである。その修正に当たってスタッフを統括する立場として、演出家、プランナー、制作に対して、助言、進言、提言しなければならない。またその結果をプランナー、制作を通じて各製作部門に通達しなければならない。

留意点

　企画、製作が、立ち上がった段階で、公演全体の規模や、キャスティング、スタッフィングをも含め、その概要が決まっていることが多く、特殊な例を除けば、既に予算の概要も決まっている筈である。予

算は計画にもとづき、本来的には制作が管理運営すべきものであり、その予算が計画通りに執行されるようにするのが制作の仕事でもあり、それに従うのが必然のように思えるのだが、物作りの現場からは、創作過程の中で、その意思が事前の計画を逸脱しようとすることは、当然起こりうる。

　創作意図と制作の意向のどちらを尊重するのかは、悩ましい問題ではあるが、演出サイドにも制作サイドにも提言できる舞台監督であるからこそ、最終的には、あくまでも演劇人としての志を忘れず、金銭、時間等の全ての優先順位をも考えたうえで、時には、調整・提言ばかりでなく、説明・説得・説諭する必要もある。

　その仕事は舞台監督としての最大の見せ場のひとつである。

ある稽古場の仕事

北條 孝

1　稽古場の1日

　稽古場へは、開始時間の1時間前くらいに集合。

　演目にもよるが私の場合、舞台監督業務を演出部と言われる仲間と最低3名ぐらいで担当する。この3名と私の関係は、ときに演出家より重要だ。

　この人達に愛想をつかされたら「そもそも舞台監督の仕事とは」などと偉そうな事を言ってはおれない。

　最初に、私を含めた4人で稽古場の掃除をする。立稽古の仮道具などが組んである時は、キャストが手をかける所、触る所などを掃除の延長でチェック。

　稽古中、たいした事ないのに、キャストに「あ〜トゲが〜？」とか言われないように注意する。

　また道具の養生チェックをしている間に、グラスやコップなど、口につけるものを洗ったり、落としたりしても破片が飛びちらないようにテープを巻いたりして小道具のチェックもする。

　掃除が終わる頃キャストや演出助手がやってくる。

　ここで演出助手と本日の稽古スケジュール確認。

　どこからやるのか、時間でおしりを決めるのか、あるいは多少遅くなってもこのシーンだけはどうしてもやるのか、など確認。

　場合によっては、この間に各プランナーとはどのあたりで打合せを入れるか等も打ち合わせる。

　キャストのスケジュール、演出家のスケジュールを把握しているのが、演出助手。

スタッフのスケジュール、納期や仕事の時間軸を把握しているのが、舞台監督。

稽古スケジュールに関しては、演出助手と調整決定して演出家の了解をとる。

最近は聡明な女性が演出助手を担当するケースが多いので、酒臭かったり、だらしないと印象が悪くなるので要注意。

2 キャストとの関わり

稽古場では、一部キャストがウォーミングアップ、あるいはブツブツとセリフ合わせ、あるいは昨日の動きのチェックをしている。

こんな時よくキャストはスタッフをつかまえる。「ねぇねぇ〜、ここは本当に段差があるんだよねぇ〜」「本当は袖幕の位置はもっと遠いんだよねぇ〜」とか〜。

「だから最初に説明しただろうに〜」などとは言わずに、できる限り何度か丁寧に説明するのは、重要なスタッフの仕事だ。

なにせ顔見知りだけではない、はじめての人と数ヶ月新しく人間関係を作りあげていかなくてはいけない。

ここがほかのテクニカルスタッフと決定的に違う。

稽古場の期間中からキャストとの信頼関係を積極的に作りたい。

また、演出部にキャストがこんな質問もする。

「このグラス本物？　本番用ですか？」「このドアは本番の時は開けたまま戻らないんだよねぇ？」

すると、ある演出部スタッフは「いや〜よくわかりません」「私は何も聞いてないので……わかりません」とか〜。NG。

確かに伝えていないかも知れないけど、よく考えて発言してくれよ!!

こうした事があるとキャストとの大事な関係を作るチャンスを逃してしまい、逆に不安感だけを残してしまう。

私は耳が少々遠くなったが、こういうやりとりはすぐに聞こえてし

まう。

だが、「何でそんな言い方するの〜!!」とはスタッフには言わない。

「グラスの件、確認します!!」「ドアの件、相談しますので、少々お待ちください」と、代わりにキャストに返答する。

演出部はキャストの不安は全て拾うくらいの気持ちで稽古場にいて頂きたいものだ（プリプリ）。

演出部にとって稽古場は「主戦場」だ!!

3 演出家との関わり

稽古時間、10分前ぐらいに演出家が登場。一応、本日の内容の再確認を演出助手含めた3人でする。

演出家の中には、このタイミングで「昨日言えばよかったけど……すみません、今日セット（稽古場道具）の入り口を逆にしてやりたいんですが、できますかねぇ」と言ってくる事がある。

すぐに「わかりました。申し訳ないのですが稽古開始を〇〇分遅くしてもらって良いですか?」と返答。

演出助手は「どうしましょうか?」と演出家の顔を見るが、こちらの要求はこのケースではたいがい通るものだ。

ある意味、稽古場は実験場の意味あいがあるので、大道具発注リミットの前であれば、大いに変更に対応しよう。

ただしキャストは稽古開始時間に合わせて調整しているので、30分と言ったのに、あと20分とか、なしくずしに時間を提示するのはまずい!!

ここは冷静に時間を判断する。

そして稽古が再開する際には、変更点について全員に説明。

「お待たせいたしました。すみません、本日の稽古はドアの位置を変えて……等」“すみません”などと言わなくても良いのだが、私の場合は口ぐせで出てしまう。すみません。

4 稽古中の身ごなし

稽古開始。

稽古場のどこに舞台監督とスタッフがいるのかは重要。

演出家や演出助手とアイコンタクトを取れる場所、あるいは隣に座るのが私のスタイルだ。

そして演出部が上・下の奥にひとりずつ、入口に近いところにひとり。

舞台監督は演出部の動きを見られるポジションが良い。

つねにスタッフの動きと稽古場のキャストの動きをチェックする。

たとえば、「今、演出家が大事な話をキャストとしているのに、聞いてないで小道具を作ってるな〜」とか、「若いキャストと世間話をしている声がうるさい」とか、

万座の前で公になる前に演出席の後ろをタイミングを見計らって通り「ちょっとゴメン〜集中してください」と、スタッフに声をかけに回る。

自分で眠気が起こりそうになった時は絶対に倒れたりしないのだが、ドアが開閉するたびにその周辺に座って念のため開閉のチェックをしている（フリ）。

ベテラン演出部になると、見えないポジションにパネルを立ててお休みになっている人もいる。

誰もがかけがえのない仲間である。ましてや、キャストの前で怒ったり、呼びすてにしてたしなめるのは厳禁だ。

何とか作業をお願いしたり、買い物を頼んだりして乗り越えて行かなければならない。

脱線してしまった。変更したドアの問題にもどる。

稽古の最初の休憩時間に「ドアの位置、変更したままで行けそうですかね〜」と演出家に尋ねる。

「大丈夫だと思いますけど、最後のところまでやってみましょうか

？」「そうですねぇ〜」と相槌をうち、外へ出て美術家へ電話。

「ドアの位置が変更になるかもしれない」との情報を伝える。

こういう場合留守番電話のケースが多い。

メールで途中経過をお知らせするとすぐに変更してしまった変更図面等が送られてくる。

まだ決定したと伝えていないのに、稽古場の情報を伝えただけなのに、美術家は忙しい人たちが多く結論を先に出してしまう。

会話のキャッチボールができないからメールはダメ。（私だけかもしれません）

「稽古場で道具の変更の可能性がでていますので、一度ご連絡を取りたい」と留守番電話に入れる。

大道具発注前後の重要なやりとりになる。

5 演出部の作業

小道具もなかなか決定に至らないケースが多い。どこまで仮の物で稽古をするのか。

①稽古場に必要なもの

②劇場からで良いもの

③衣裳合わせには必要なもの

④演出部以外で業者に発注を必要とするもの

⑤大道具扱いでお願いするもの

⑥レンタルで再度探す必要のあるもの

等の判断が必要だ。

稽古中に演出家から出た小道具のリクエストに関して、それを調達できるのか、また、どう調達しようとしているのか。演出家に早めに回答しておく事が必要だ。

「う〜〜ん」で終わってしまうと、演出プランにかかわる場合もあり前に進まない。予算の事もある。

結論がでないまでも何らかの返答をしておく事が必要だ。

こんな日は悩み事がひとつふえ、考え事ができて頭の中でどうどう巡りが始まる。

　好い意味で眠くならない。「さあどうしようか？」

　一般的には稽古場終了時にやる事・買い物表を大きな紙で作る。

　「やる事整理しましょう！」と言って演出部を集めてミーティング。

　こんな時、「えっ別に……」という顔をする人もいる。

　かと、思えば「ごめんなさい！明日までに間に合わせたいので、今、仮のマントを作りたいです。やる事はあとで確認します！」

　えらい!!　こういう人もいる。

　立稽古の先を読んで、明日のシーンでマントを着るキャストのための準備をしようとしている。やはり仕事をお願いして正解。

　このように舞台監督が"ほぉ～"として抜け落としている事を、先に見つけてやってくれるスタッフがいると勇気がでる。

　で、やる事だ。

　積極的に演出部がマジックを持って書き出す事もあるが、我々演出部同士が初対面の時もあり、そんな時は何事もお互いどうし遠慮気味。

　よって舞台監督がマジックを持って書き出す。

　例えばやる事。造花を買う、手紙を３通作る、耳の取れる人形、血の付いたナイフと……順にワンテンポ遅らせて書き出す。

　活きの良い人がいると書き出すそばから「あ、それ明日やります!!」とか、「ちょっと担当して考えてみます!!」と声が入る。どんなに書き出しても声がかからないケースもある。

　しょうがない、舞台監督がひとつひとつ方向性を細かく確認する。

　問題は演出部が稽古場で作る買い物以外の項目だ。

　外部発注したいとのジャッジをしたい場合、大きな予算に関わるケースもありプロデューサーとの相談になる。

　金額にもよるが、その小道具が稽古場の稽古のどういう文脈で出てきて、演出上どういう優先順位なのか、その重要性をプロデューサー

に説明する。

　プロデューサーは稽古場にいない場合がある。そんな時、舞台監督は進行しているプロジェクトの時間軸によって少々立場を変える。

　稽古場で必要性を共有しているから、演出家に寄りそう形でプロデューサーに対応する。

　その（演出家寄りで説得しようとする）対応によって、初めてプロデューサーの事情に触れることにもなる。予算的な事情とか……。

　プロデューサーの真のYes／Noを引き出すためには、そうした対応をしたほうが良い。

　残念ながらどうしてもNo.ならば、逆にプロデューサーの立場に寄って演出家に対応するもこともある。

　予算を守るのはやはり重要だ。

　可能ならば、プロデューサーが直接演出家にNo.を言う前に、いわゆる折り合いをつけられる代案を出して、両者を納得させる事ができれば、舞台監督の仕事の前提である「信頼」を得ることができる。

　人間関係を離さずつける「接着剤」のようなものだ。

　（この表現、徳島県のある舞台監督さんより教えていただいた）

6　稽古場の終わりに

　稽古終了と同時に帰るキャスト、場合によっては演出家もすみやかに退場してしまう。

　「演出部の打合せ、ちゃんとしているかな？　作業が抜け落ちている所があるかな？　終わったらいろいろ確認しよう〜」と、演出助手は演出部の「やること打合せ」の終わりを待っている。

　「ちょっといいですか？」「はい！」「スケジュールの相談なんですが・・・」と向こうから切り出されるケースがよくある。

①発注打合せの前に、美術家との確認打合せ

②大道具発注（演出家がいない場合は事前に確認をとる）

③衣裳打合せ〜フィッティング〜衣裳合わせ（事情により衣裳パレー

ドを行わないケース有）

④音響打合せ～音響オペレーターの稽古参加日確認

⑤照明打合せ

⑥スタッフ進行打合せ（アクション打合せ、映像やヘアメイク打合せ
　を作品により単独でセッティングする場合もある──作品次第）
　等の確認。

　いっぺんに段取りよく日程が決まるケースはなく、「このあたりに
できたら、通し稽古もやっているし、良いですねぇ」くらいで、おお
よその目標とそれに対応する稽古進行を確認しておく。

　なんとなく２人で全体の進行が見えた気になる事が重要だ。

　人によっては、一段落と思って演出助手を飲みに誘ったりする事が
あるが、この段階ではたいがい断られる。

　言いやすいにしろ「何考えているの？」という目で見られる事もあ
るので要注意。

　稽古は始まったばかりだ。

7　稽古場でよく起きる問題

　稽古が進むにつれて出てくる次の問題の多くは、前の小道具の問題
同様に「予算の中にやりたいことがはまらない」だ。

　同様に予算の問題の中に入るのだが、人手が足りない問題もある。

　時間がないので、こうした問題の結論をすぐに黒・白はっきりつけ
るタイプの舞台監督がいる。

　また別のタイプで、仮に好きな馬の馬券を買おうと思って一旦は列
に並ぶのだがいろいろな可能性が頭をめぐり買えない。自分の番が来
る。でも踏ん切りがつかず、もう一度列の後ろに並び直すタイプ。と
か。

　私は後者だ。しかし時間的制約は待ってくれない。

　仕事は〆切りベルを待っていても鳴ってはくれない。

　どうするか？　そのことの決断によって影響のあると思われるセク

ション全員に、なるべく集まってもらい、プロデューサーと演出家に
話を向ける。

　話を大きくして最後はプロデューサーが判断するのだが、思いもか
けず、ほかのセクションの人が有効な提案をしてくれる場合がある。

　たとえば大道具の場合、演出家から提案がある。「どうしてもラス
トにもう一枚美術幕が必要だけど、どうにかならないだろうか？」

　いろいろ議論した末、映像スタッフが「ここで使っている映像をな
くしたら、一枚ドロップ作れますかね～」と提案してくれたりする。
それで予算的にも演出的にも十分なのか、まだ足りないのかを大まか
にジャッジするのはこちらの重要な仕事だ。

　「あと後ろのリノリウム、あまりキャストが歩かないなら、２本カ
ットしませんか？　黒布でも良いんじゃないですか～？」とか……。

　最後のまとめを舞台監督の提案で、うまく締めくくれれば情報・事
情が共有でき、座組の一体感がかりそめにでもできる。

　そういう事情かどうかはわからないが、私の現場の床面は、わが社
の黒リノリウムのケースが多い。

　人員の問題も多い。

　仕込み人員は舞台監督と大道具会社の担当者が打合せて決める。

　現場をランニングする演出部人員は、演出部人件費の枠の内で舞台
監督が確定する。

　限られた予算のやり繰りになるが、初日を開けるまではこの枠の人
員を増員して、ランニングスタッフをサポートしてもらう体制を作り
たいものだ。

　いや、なんとしてもプロデューサーにここの増員スタッフの重要性
を理解してもらい、劇場での作業へ進みたい。

　それは、劇場に入って演出部のカバーする領域が多岐にわたるから
にほかならない。

　具体的な作業として時には、早替わり、着付けの手伝いから、スモ

ークマシーン操作（最近は照明のステージ要員がいないケースがほとんど）キャスト介錯、小道具転換、寿しを握ったり、餅をついたり、犬の世話をしたり等、際限がない。

　稽古場でどうしても決めきれない宿題をたくさん残すタイプの演出家とか、稽古場が狭い為、物理的な解決の方法の多くが劇場に持ち込まれるケースでは、稽古場から何人レギュラーに必要か？　増員は何人必要か？　をシミュレーションしておく事が重要だ。

　人員の増員に関して予算がさけないなら、アルバイトを時間で雇って助けてもらうのか、部分的に制作助手のスタッフに手伝ってもらうのか？　前もって判断しておく必要がある。

　劇場に入ると、さらに限定された時間軸になる。

　交渉や話し合いの時間は多く取れない。

　劇場に入ってからの時間を有効にする為にも、稽古期間中の稽古時間以外の時間を有効に使いたい。　（稽古時間の長い演出家もいるが、この手の人はあまり舞台監督が側にずっといることを必要としないケースが多い）

8　終わりに……

　とりとめもなくなったが。

　稽古場の最後に「よく、明日演出部何時ですか？」と聞かれる。整理できない問題が残っていたり、考え事をしているケースが多く、全体のスタッフに着到時間を知らせずに稽古場を出ていくケースがある。

　これではいけない！

　空元気でいいから「明日はスタッフ11時に入ります。ひとり買い物で遅れますがよろしくお願いします。お疲れさまでした。」と笑顔で言って帰りたい。

　暗い顔をするのはひとりになった時でよい。

　あと最後に、稽古場で口がさびしい時、おなかが空いた時、ガムを噛む人がいる。

止めたほうがいい。

噛んでいる時の人相が悪くなる。

アメ玉の方が良い。

プランの具現化と発注

岩戸堅一

■プランの具現化について

　音響・照明・衣裳・殺陣など各セクションはもちろん演出も含めて
それぞれのプランが存在します。

　そのそれぞれのプランを具現化するのはそれぞれそのプランナーの
役割でありますが舞台監督としてはなるべくそのプランが実現できる
ように準備、配慮、実践する事が求められるのではないかと思います。

　できる限り時間、予算、人数などにゆとりを持ち、その決められた
範囲内に収まるように全体を把握し調整、推進することが必要です。

■発注について

　発注といってもいろいろな発注があります。

　各業者への発注・舞台監督助手の手配・小道具の発注・舞台美術の
発注などなど。どれも少しずつ発注という意味合いが違ってきます。

　舞台監督が直接発注をするのは舞台監督助手の発注（手配）ではな
いでしょうか。

　勿論どの発注においてもできるだけ立ち会い予算の決められた範囲
内に収まっているのか？　収まっていなければどのようなやりくりが
存在するのか？　プランの代替案は存在するのか？　など全体を見渡
し作品を可能な限り良い方向へと導く事ができるよう努力することが
求められるのではないかと思います。

■つまり……

　舞台監督は他のプランナー（デザイナー）との最も異なる役割の一
つとして作品創りの体制を俯瞰的にとらえ客観的に作品を評価し、企

画段階から千穐楽または荷返し及び再演の場合はその先までを推察し
よりよい方向性へ作品を創りまた導く事が求められます。

　作品・観客・劇場を総合的に把握し想定されうるトラブル（危険）
を最大限回避し安全に興行をおこなえるよう心がける事が必要です。

お金の話をしようか

みかみつかさ

　〈予算〉の項でも話されたように、舞台監督は予算組みは勿論、執行についても直接おこなっているわけでなく、あくまでも助言にとどまっています。

　なかには大枠の予算組みからキャストのギャラまで深くかかわっている舞台監督もいますが、非常に少数で公演主体との関係が特殊な場合が多いと思われます。

　なぜ助言に留まるかというと、公演形態の懐具合が分からないし責任も取る立場でないからです。

　制作者から発注される各セクションの業者との交渉も、理由は定かではありませんが、この頃は制作とすみわけがされているような気がします。公演の予算枠が大きくなったこともあるのでしょうか。

　おおざっぱですが、予算執行の見積もり交渉は、なぜか照明・音響・衣裳などは制作で、大道具・小道具・特殊小道具・特効・履物などは舞台監督だったりもします。勿論決まりがあるわけではなく、制作者と舞台監督の得手不得手だったり、付き合いの濃淡だったりがその理由なのかもしれません。

　そうはいっても大道具・小道具など造作物系は必ずと言っていいくらい舞台監督が交渉しますが、これがなぜかは分からない。照明・音響はデザイナー自身が会社に属していることが多いせいなのか。衣裳については今までの舞台監督は男が多かったので近寄りがたいのか。はたまたそれらのセクションの知識が及ばなかったのか、定かなところは分かりませんが、知識のことが原因の一つであるなら大いに反省すべきかもしれません。

見積りの交渉を任されたからと言って、ガチで交渉してはいけません。舞台監督の交渉の後で、それをもとにまた制作者によって交渉が始まるからです。お付き合いの話だったり、年間支払いだったり、我々には関知できないところの話になるので、程よいところで納めるべきです。あまりどちらかに偏るのではなく妥当性のある視点でもって進めることが必要と思います。

　範囲はあいまいではありますが、必ず任されるのが舞台監督助手のギャランティーです。これはフリーが多いことを考えれば奇妙と言えば奇妙で、「本来フリーランスは個人で１本なんぼと交渉すべきだ」という某フィクサーもいて、舞台監督の責務ということでもなさそうなんです。
　そうとはいえ、助手を集めるのは舞台監督であり、１本なんぼと言っても査定根拠は必要なので、独立的交渉はうまくいっていません。
　舞台監督のギャラ単価が数十年も変わらない現状では若手の助手に至ってははなはだ心もとないものです。曲がりなりにも我々は専門職のプロですからアルバイトと比べることなどがあってはいけません。
（比較してないか）
　なにひとつ保障がないまま、長い間報酬が上がらない現状を見ると、旧態依然の「演劇従事者は食えなくて当然」的考えを改めるためにも、フリーランスの契約の問題は再度考えなければならないでしょう。

本番 (舞台稽古) に向けての準備
大刀佑介

　舞台監督は稽古期間を通して本番に向けた準備を進めます。本番に向けた準備は、稽古場のバラシ、劇場への搬入、仕込みの人員確保など「公演をおこなうための準備」と作品に応じた転換表やCueシートの作成、「本番の進行に関わる準備」に分けられます。

○公演をおこなうための準備

　舞台監督は公演に関わるほぼすべてのことを把握し、発注、指示を出さねばなりません。その時、舞台監督は安全かつ効率を考え、また円滑に現場が回るように留意します。実務的な作業は多岐にわたりますが、ここでは劇場入りしてから初日までのスケジュールに関して述べたいと思います。

　稽古の進行とともに演出プランが明確になり、各プラン（美術、照明、音響、特効など）も決まってきます。舞台監督はそれらのプランを踏まえて劇場入りから仕込み、舞台稽古を経て初日に至るまでの過程を十分にシミュレーションし、事前準備であたりをつけているスケジュールの修正や調整を行います。事前に組んだスケジュールに無理がないかを検討し、各セクションに必要な時間を割り出し、再分配します。必要に応じて制作に対し、劇場使用の延長、増員の助言をすることもあります。

　稽古場では、日々の課題解決を図るとともに、吊り物などの劇場でしか確認できない事項を洗い出します。そして劇場での課題解決に必要な時間を割り出し、事前にテクニカルリハーサルが必要かどうかも検討して舞台稽古スケジュールを組んでいきます。

　稽古場で確認できること、決められることは極力決めて劇場に入れ

るように尽力します。例えば、大道具の転換や早替えの段取りです。もちろん稽古場と劇場では袖中の環境は異なるので、最終的には舞台稽古確認になりますが、できるだけ本番に近い状態に稽古場環境を整えることも舞台監督の仕事の一つです。

　舞台監督のシミュレーションは想定しうる事象、予想せぬトラブルも考慮して行います。この時間の読みの正確さは舞台監督の腕の見せ所になります。機会は少ないですがスケジュールに余裕を持つことができると、舞台監督の心の余裕にもつながります。現場では予想せぬトラブルがつきものです。トラブルにも対応できる余白をスケジュールに反映したいです。

　仕込みや舞台稽古のシミュレーションができたら各セクション（大道具、照明、音響、特効、トラックの配車やアルバイトの人数など）とスケジュール、仕込み段取りの確認、打ち合わせをします。舞台仕込みは全セクションがかかわる作業です。各セクションと十分に打ち合わせをし、搬入順から仕込みの段取り（照明バトンの昇降は前からか奥からか、弁当は何時に届くかなど細かいところまで）を事前に確認し、現場が円滑に進むように調整し、最終的なスケジュールを作成します。

　連絡漏れがないか、打ち合わせで確認漏れがないかに十分注意が必要です。衣裳さんやヘアメイクさんに確認し忘れたなど、大きな事故につながります。

○本番の進行に関わる準備

　舞台監督は稽古期間中に本番の進行に関わる段取りや情報を整理していきます。

　舞台監督は、各演出部に手割りをし、上演が滞りなく進むように手配します。もちろん転換の手割りも必要ですが、各演出部を担当（小道具、大道具、特効など）に振り分け、担当が各問題に関して迅速に

対応できる体制を整えていきます。

　また、上演するために進行台本を作成します。台本は稽古の進行とともに日々書き換え、作品の進行を把握するよう努めます。舞台監督はこの進行台本を元にCue出しを行い、本番を進行します。

　進行台本には、照明、音響、大道具、演出部へのCueが書かれます。役者の出ハケ位置や大道具、小道具の移動、早替えの時間を書き込む場合もあります。通し稽古などからラップタイムも記入し、お芝居全体の時間の把握も行います。

　劇場とはスケジュールをはじめ、セットの概要や仕込み勝手、劇場機構、備品の使用の確認、申請をしておきます。劇場機構（バトン昇降、盆、迫など）の操作はあらかじめCueシートを作成し、打ち合わせる必要があります。その他、劇場とは上演中の避難口誘導灯の消灯、消え物の有無、スモークの使用の有無、禁止行為の有無を確認します。

　進行台本を大道具、劇場機構、演出部の手割をメインにまとめたものが転換表、テクニカルなきっかけをメインにまとめたものがCueシートになります。

　本番に向けての準備には終りがありません。各セクションが本番に向けて準備するタイミングはそれぞれですので、舞台監督が早めに準備しても、演出が変わったり、他セクションから変更があったりと日々流動的に変化していきます。そのため舞台監督は早め早めにプランを構築しておき、変更に対応できるよう備えておくことが大切です。

密なのか密でないのか

みかみつかさ

　私は仕事の過程において基本的には演出家を絶対として仕事します。演出家が右と言えばたとえそれが左かなあと思っても、右と考えて事に当たります（気持ちは）。

　創造上のことではどれだけ演出家のイメージを具現化することができるかが仕事の根幹と思うからです。（某W演出家が「とにかく超常現象が起きたい」というので、超常現象を起こしたこともあります）

　一人の演出家に同じ舞台監督がつくことが多いのも、演出家の考え方や癖のようなものを経験によって理解しているからだと思います。

　とは言え舞台監督は連れ合いでもないし弟子でもないので、べったりのイエスマンというわけではありません。一定の距離感というものが必要となります。

　それは演出イメージの具現化以上に、プロデューサーのもとに公演を成立せしめるというもう一つの根幹があるからです。

　そしてこの根幹は予算面を含め第一義的に舞台監督を規定するので、涙を呑んで演出家の希望に異議を示すこともあります。

　さらに技術分野においては舞台監督としての能動性が必要なので、時として演出家とぶつかることもあります。（昔の某B劇団では殴り合いまでに発展することもあったようですが）

　演出家にとって舞台監督は、とにかく意に沿って上手くまとめてくれればいいだけの存在かもしれませんし、それでいいのかとも思います。

　舞台監督にとって演出家との関係は、創造性とマネジメントとのはざまで胃が痛くなるようなプレッシャーがかかるものです。

だからなのかどうかは分かりませんが、リハーサルの間は近い距離感を保っていますが、それ以外ではほとんど密にならないような気がします。それとは関係ないかもしませんが、演出家と飲みに行くという話はほとんど聞きません（私が下戸だから知らないだけかもしれませんが）。

　演出家と良好な関係を築くことは当然ですが、安請け合いは禁物です。時にはピンチになると「みかみ君、あとお願いね」などと平気で言われることがありますので。
　また演出家の言ったことですべて決まったかのように物事を進めてしまう人もいますが、演出家だって試行錯誤したり悩んだりして創っている（かもしれない）ことを心しなければいけません。

捕らぬ狸の皮算用

みかみつかさ

舞台稽古予定表

　通常初日を開ける前に舞台稽古を行いますが、何の予定表もなしにぶっつけでやれば混乱をきたすことは目に見えていますので、普通は予定表を作って、それに沿って舞台稽古がおこなわれます。普通はというのは稀にいつの間にかズルズル始まっているという、トンデモ舞台が無いこともないもので。

　この舞台稽古の予定は、欧米では箇条書きにすることが多いようですが、我々の現場で使われるのは表になっていることがほとんどです（同時間帯に物事が重複しないような場合は箇条書きが見やすい）。

　搬入から初日までの予定を一覧にするわけですが、すべてがこれをもとにして動くわけですから、作成には結構神経を使います。

　その構想は稽古が始まる事前準備の段階から立て始めます。舞台監督の業務は逆算の業務ですから、まず初日の開演から考えて搬入はいつできるのかをなど制作と相談し、その間をどう割り振るかをあれこれシミュレーションします。事前準備の段階でまず大枠の時間の流れを考え、稽古の進行やスタッフワークの進捗を見ながら、たたき台を作っていきます。

　舞台使用の時間割ですから、リハーサルの予定と舞台技術の進行が主な内容になります（楽屋周りや受付周りなどは特段のことがなければ書き込みませんが、楽屋決めにあたってはそれこそ人の相性なども考えて作成することになります）。

　多くの人は各セクションごとに罫線でくくることが多いのですが、私はそれがうまく作れませんので、セクションごとに分けて書くこと

はしません。

　表の参考例は第2部に出てきますが、時間割作成の心得をいくつか挙げておきます。

○休憩時間を必ず挿入する

○台本があり、メインスタッフが分かった時点で、第1案を作る（時間が足りるかどうか見極めるため）

○プランの第2案、第3案を考える

○各メインスタッフの了承を得て劇場搬入の1週間前には配布するようにする

○稽古の進行は腹案を2つは考えておく

○あまり多くの情報を盛り込まない（多くの人は自分のところしか見ないので、予定表以外で周知する方法も考える）

○あくまでも予定なのだが、書かれたことを絶対視する人がいるので注意（他の予定を入れてしまう人が結構いる）

○時間を目いっぱい使うような予定にしないこと（懐に隠し時間を持っていることが望ましい）

○表の見栄えに拘泥してパソコンの腕前を見せるようなものにしないこと

○作表過程で時間割にどうしても無理が生じる場合は、早めに製作者と日程の相談をすること

○予定表というのは、何か足りないか何か多いかのどちらかなので、ほかの方法で伝えることも考慮する。

　予定を綿密に細かく作ることはいいことですが、それに縛られないようにしたいものです。何が何でも予定表通りに進行することは良し悪しです。舞台で初めておこなう事柄がほとんどですから、いろいろな出来事を想定して融通の利く予定表を作成したいものです。

3. 本番

台本の整理と進行台本

大刀佑介

「本番を進行する」とはどのようなことでしょうか。

　演劇は生物(なまもの)です。毎回同じ作品を作ろうとカンパニー全体で尽力しますが、お客さんが毎回違うように、役者、スタッフのコンディションも毎回違い、作品は二度と同じものにはなりません。しかし、毎回クオリティーを維持して、その時その時で作りあげていくのが演劇です。

　しかし、時にはトラブルにも見舞われます。例えば役者がセリフを忘れてしまった、出トチった、小道具を持つのを忘れたなどなど。ちょっとしたミスやトラブルなど、舞台上で解決できることはいいですが、重要な小道具を持って出るのを忘れた、大道具の転換を間違えて次の景の飾りにしてしまったなど、十分注意していても物語に大きく関わるトラブルも時には起きてしまいます。

　演劇は基本的にはショウ・マスト・ゴー・オンです。始まったら途中で止められません。舞台上で怪我人が出たり、お客さんを危険に晒す、事故につながること以外はこのようなハプニングも含めて、お客さん、役者、スタッフが同じ空間で一緒に作品を作り上げていくのが演劇です。そしてこれが演劇の魅力だと思います。

　しかしそんな時に舞台監督だけは舞台裏でヘラヘラ笑っているわけにはいきません。トラブルが起きた時に舞台監督の脳みそはフル回転し、覚醒します。間違った方向にお芝居が進んでしまった時にどこで軌道修正するか、それを判断し、解決策を提示するのは舞台監督の大きな仕事の一つであります。（この軌道修正をさり気なく、物語の進行を止めず、お客さんにも気づかれずにできると、舞台監督は大きな達成感を得るでしょう）そして、その時に重要な役割を果たすのが、

進行台本です。

　進行台本とは、舞台監督が上演の際に見る台本のことです。そこには役者の出ハケを始め、小道具の移動、照明、音響のCue、大道具の転換、きっかけなど上演について必要な情報がすべて書かれています。

　舞台監督は稽古の進行に合わせて台本を整理し、起こりうる事故やミスを想定して本番で最も頼れる台本に仕上げるのです。

　台本は演劇において音楽の楽譜のようでもあります。きちんと整理された台本は音符が流れるように、セリフと舞台上の動きが台本から感じられるものになります。お芝居の進行とは音楽のように流れるようなものであり、舞台監督は指揮者になって演奏を続けることと似ているような気もします。

　以下に進行台本作成のための注意点を示します。（私のやり方なので一般化しにくいかもしれません）

　・進行台本は舞台監督のCue出し、本番の進行を確認するために使うものです。舞台監督だけが分かればいいというものではなく、「誰が見ても分かるもの」という意識で作成します。舞台監督に何かあった時には他の人が舞台監督の代わりを務めなければなりません。また、再演のための資料にもなります。

　・台本には名前を書きます。（稽古場で、台本が変なところに置いてあって「これ誰の台本？」ということがよく起きます。舞台監督は台本をもって稽古場を移動することが多いです。失くさないためにも大きな字で名前を書きましょう。）

　・台本はシーンごとにインデックスシールを貼ります。

　・きっかけの記入はテンプレート、定規などを使用します。（私はSTAEDTLERの丸、三角、四角、六角形のものを使っています。音響を□、照明を○を基本として、映像があれば六角形を使ったり、場合によって△を使うこともありますがお芝居の内容によりけりです）

・台本に書き込むもの

1. Cue（音響、照明、転換）

2. 役者の出ハケ、立ち位置

3. 小道具の移動

4. 転換と舞台監督助手の手割り

5. 禁止行為の時間と場所

6. ラップタイム（通し稽古などで目安とする）

7. プリセット等、確認事項

8. 早替えの場所と時間

9. 縮尺図面の貼り付け（小道具や大道具の位置が分かるようにしておく。私はきれいにはがせるタイプのラベルシールに図面を印刷して貼っています）

進行台本例（以下同）渡辺えり演出『私の恋人』より

私の恋人_20190712

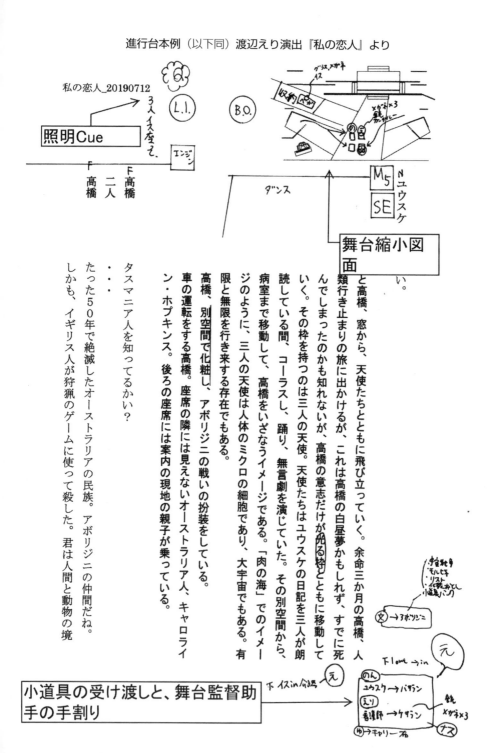

照明Cue

舞台縮小図面

小道具の受け渡しと、舞台監督助手の手割り

と高橋、窓から、天使たちとともに飛び立っていく。余命三か月の高橋、人類行き止まりの旅に出かけるが、これは高橋の白昼夢かもしれず、すでに死んでしまったのかも知れないが、高橋の意志だけが或る枠とともに移動していく。その枠を持つのは三人の天使。天使たちはユウスケの日記を三人が朗読している間、コーラスし、踊り、無言劇を演じていた。その別空間から、病室まで移動して、高橋をいざなうイメージである。「肉の海」でのイメージのように、三人の天使は人体のミクロの細胞であり、大宇宙でもある。有限と無限を行き来する存在でもある。

高橋、別空間で化粧し、アボリジニの戦いの扮装をしている。車の運転をする高橋。座席の隣には見えないオーストラリア人、キャロライン・ホプキンス。後ろの座席には案内の現地の親子が乗っている。

タスマニア人を知ってるかい？
・・・
たった５０年で絶滅したオーストラリアの民族。アボリジニの仲間だね。しかも、イギリス人が狩猟のゲームに使って殺した。君は人間と動物の境

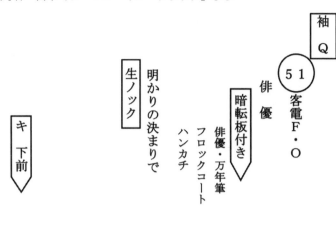

Q

51
客電F・O

俳優

暗転板付き

俳優・万年筆
フロックコート
ハンカチ

生ノック

明かりの決まりで

キ　下前

第　二　幕

第　一　場

「俳優」、ここではジェローム、デスクに座り仕事している。

「キップス」が、登場してドアをノックする。

ジェローム、明らかに躊躇しながら出る。

ジェローム　どうぞ。

キップス　ジェロームさん。

ジェローム　ええ。はい。（ようやく）どうぞ、お掛けください。

キップス　（入りながら）その後、ご気分はいかがですか？……ドラブロワ夫人の葬儀以来ですね。

ジェローム　お陰様で、ええ。ありがとうございます。

Cue4.5 吊物cue

No.16 武田家紋 Down

上手より【壺】

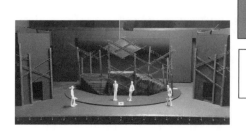

【信虎・台詞＝揚幕Op】

出
花道
信虎出

飯富　ふーう。　間に合ったようだな。まだみえておられん。

小山田　領内パトロール中の我々を呼び戻すとは、何事なのだ？

板垣　嫌な予感がするな。

甘利　うるさいうるさいうるさい！　殿の悪口を言うな！　今まで俺たちが

小山田　どれほどお世話になったか忘れたのか！

板垣　忘れるわけなかろう。しかし昔は昔、今は今だ。

飯富　ああ、殿のご乱心ぶりはますますひどくなっている。

甘利　いい加減、手を打たねばこの国は、

飯富　言うな言うな言うな！　殿だって色々考えておられるのだ。いつだっ

板垣　て殿は我々の味方だった。それを信じられぬのか！

甘利　しかし、

信虎の声　みんな、お待たせ〜！

信虎、登場。
手にはおぞましいデザインの壺。
甘利は慌てて正座。みんなに拍手しろとジェスチャー。

劇場での舞台監督

みかみつかさ

　稽古に入る前の「事前準備」と「稽古期間」、それと本番を含めた劇場入りしてからの舞台監督の仕事に軽重はないかも知れませんが、舞台監督という名が示す通り、舞台での職務は一段の集中力が必要とされます。それは一に、上演という観客と直接的に対面する場であるということから（観客に顔を見せるわけではありませんが）、大きなプレッシャーや緊張感に晒されることになるからと思われます。（後述しますが、作業の安全確保についても稽古場より一層の緊張を強いられます）

　劇場入りしてからは、稽古場段階の言わば【座】としての集団のみならず、少しく違った立場から作品の上演成立に携わる、多くの関係者との意識共有・調整をおこなう必要があることからも、幅広い統括力を必要とします（もちろんこれも、劇場入りの前から諸々準備をおこなうことは当然ですが）。

　上記の「軽重はない」ということの謂は、昨今は作品に対して舞台監督としてのスタンスが、演出を補佐するという立場から主にスタッフワークのマネジメントをおこなう、というスタンスに変わってきていることによって、誤解を恐れずに言えば、幕が開く時点でマネジメントとしての主たる業務は終わっていると言えるかもしれないからです（特に予算執行への助言・提言などは）。

　舞台監督の業務は、端的に言えば「管理」と「進行」＝監督する、です。管理と言うといささか窮屈なイメージがありますが、言ってみれば進行のための管理です。関係部署が多いこともあって、特に時間的な制約が強くなりますので、その中でベターな進行を執りおこなう

ためにどう管理していくかということになります。

　劇場における時間軸は「搬入・仕込み」「舞台稽古」「本番」と大きく分けられますが、どの項にも共通する課題として事故対策が挙げられますので、まずはそれを考察してみたいと思います。

事故について

　事故を怪我ということだけに限らず、物損・疾患・災害・データー喪失なども含めて事故ととらえる必要があります。

　劇場では稽古場と違って、関係部署・人員の範囲が多くなるとともに、舞台を中心とするハード面の違いによって、圧倒的に事故の危険度は高まります。

　何事も無事故に越したことはありませんが、私見では根絶することはできないかと思われます。それは往々にして人身事故などは、非常に困難な作業（現場）よりも、それ以外の何でも無いところで数多く見受けられるからです。他の事故に関してもほとんど予測ができないものです。

　事故予防の方策を取る必要は勿論ありますが、ここでは少しく独断的な考えを述べます。

　まずもって舞台は危ないところであるというのはその通りですが、「安全がすべてに優先する」ということで、自己規制が強くなることに対してはいささか危惧するものです。消防法などの法的拘束は遵守せざるを得ませんが、私は作品の必要性からくる事柄に関しては相応の危険を冒してもよいのではないかと思います。

　何が規制性で何が必要性なのかは議論のあるところですが、アイデアの方法論を突き詰める前に規制してしまうことには同意できないからです。

　では、事故に対する方策はどのようなことが考えられえるか。十全なる対策とは言えませんが、列記します。

①事故事例が周知されることによって、事故の起こりうる状況を認識する

②各技術者が相応の安全技術を身につけるように差配する（例：ロープワーク、三点支持、予防措置等）

③各個人で事故に遭わないための決まったルーティーンを作っておく

といったことなどがあげられるのでないでしょうか。個人的なルーティーンと言うと奇異な感じがするかもしれませんが、指差し確認するとか、必ずメモを見るとか、その人にとって結構役立つものになり得ると思っています。

　物損事故などの補償問題は組織的に対応すべき方策を考えなければならない問題であり、統括責任者であるということから、補償などの責を舞台監督が負うということはあってはならないことです。（権利と責任という問題は機会を改めて議論されるべきでしょう）

　次に舞台でおこなわれる事柄についての舞台監督のスタンスを述べてみます。

搬入・仕込み

　事前に打ち合わせや下見でその劇場の特色を捕らまえて、作業工程のシミュレーションをし、本番までの予定表を各部署に周知させることは必須ですが、劇場入りして現場を実際に見てみると、少しく思っていたことと違った感じを持つことが多々あります。

　それは劇場の立地条件や色形、佇まい（舞台面の高さ、プロセニアムの形状、客席の勾配ほか）などや、全く個人的な感覚にすぎないかもしれませんが、雰囲気からもくるその感覚です。それは無下に切り捨てるべきものではなく、目にみえない自己の表現にもつながり得ることですので、事前に立てた想定とうまく折り合いをつける必要があります。

　そのようなことを含めて、搬入時の舞台監督は搬入そのものよりも、

事前の構想がどのように仕込みに反映されるべきかの注意を払わなければなりません。搬入の流れはトラックの台数や舞台条件で一概に言えませんが、基本的には仕込みと同時並行でおこなうことは避けたほうがいいかと思います。また、上記の「折り合い」がつくまで墨だしは待ったほうがいいと思います。

　いつ始まったかわからないまま仕込みへと雪崩れ込んでいくケースが見受けられますが、絶対避けたいところです。

　仕込みの差配はできるだけ舞台監督自身がすることが望ましいと思います。ガチ袋とナグリを下げて先頭に立って大道具の仕込みをするのではなく（私はこの傾向が強いので毎回反省しています）、全体の進捗を図ると同時に、でき上がり像との間に違いが生じたら逐次修正を指示しなければなりません。差配は自ら手を下すということではなく、具体的な段取りは助手に任せて、全体の差配に集中することが肝要です。

　稽古段階からのつながりになりますが、装置・照明・音響などの仕込み図面と舞台との適合をはかり、適切な時間配分をしなければなりません。

　時間に余裕のある仕込み・舞台稽古は皆無に等しいですが、休憩は体を休めると同時に頭の中を整理し、事故防止のためにも必ず取る必要があります。

　舞台での進捗状況と進行予定との調整をおこない、且つ舞台で何がおこなわれているかをフロントサイドから楽屋周りまで周知させることが大事です。

　仕込みで特に注意を要するのは装置の設営です。舞台稽古へと流れていく過程で装置に問題が起きると、その修正には人的・時間的に大きな負荷がかかるからです。ですから墨だしの段階から丁寧に作業する必要があります。また特効や仕掛けものなどは危険をともなうことが多々ありますので、さらなる注意が必要です。

　繰り返しになりますが、搬入・仕込み段階で留意すべきことは、やはり安全です。諸々の機構が稼働し、関係人員も非常に多くなりますので、舞台監督がいくら注意を払っても限界がありますし、その作品の仕込みに対する考え方も多くの人に把握してもらうことはなかなか難しいものです。そこで事故については日頃から起きてしまった時の方策・回路を構築しておくことも大事なことかと思います（なんでもない時にトンデモないことが起きます）。

　また、舞台監督としての仕込みへのスタンスは、まずもって各デザイナーや舞台監督助手に進行プランを理解してもらって、現場では優先順位を明確にし、行われている作業内容を広く明示する必要があります。仕込みは時間がいくらあっても足りないことがほとんどですから、どうしても急いで同時進行になりますが、各部署の到達点をその都度とらえ返すことも必要となります。

　近年は搬入・仕込み時において、アルバイトの存在がとても大きくて、アルバイトなしでは成立しないと言っても過言ではありません。しかし彼らは当然上演組織の一員ではないので、公演内容や仕込み内容を分かっているわけではありません。同質を求めることはできませんので、事故防止を含めその働き方には別の視線を要します。本来的には主体たる私たちの人員確保が求められるべきではありますが、現状はなかなか困難な状況です（搬入に関しては第2部で若干の考えを述べます）。

舞台稽古

　劇場での舞台監督業務は管理と進行と言いましたが、舞台稽古がその主戦場となります。舞台監督の「進行」とは予定表に沿って、その通り進めるという謂ではなく、マネージメントとしての「進行」になります。つまり未だおぼろげな果実の形をプロデューサーの方向性の

もと、演出家の意図に沿って、どのように見せるかが問われるからです。そのために俳優を含めた各部署にいかに気持ち良くやってもらうか（この気持ち良くは「ああ楽だ」ということでも「いつも通りの」心地の良さでもない、表現領域の拡充のための気持ちよさである）。

　舞台稽古の時間割をきっちり納めることは勿論大事であり、第一課題と言ってもいいのですが、それを単に自己目的化することは避けたいところです（時間内に収めることは評価するに値しますが、達成感は内心に留めるように）。全パートが初めて一同に会しての総チェックであり具現化でもありますので、進行も臨機応変に対応できるようにしておきたいものですが。とは言え、時間オーバーは多大な影響を及ぼしますので、事前のタイムテーブルの作成には相当な神経を使うことになります。

　舞台稽古の舞台進行は舞台監督が司るのがいいと思いますが、全体の統括者としてそこに手が回らない場合は、別の人（演出家、演出助手）がおこなってもよろしいかもしれません。いずれにしても舞台稽古の方向性と舞台で何が行われているかを楽屋周り含めて、全体に周知させることは必須です。

　この時期の事故関連としてはやはり怪我です。怪我は機構がからむと重篤なものになりますので細心の注意が必要です。大道具など本番用を稽古場に組んだとしても、劇場と稽古場は全く異なものであることを常に意識すべきです。

　演劇での舞台稽古の進行は、場当たり・通し稽古・ゲネプロと進めるのが主流のようです。これらに先立ってテクリハ・転換稽古などおこなうことがあります。俳優に余計な負荷をかけないことや、危険回避の点からテクリハはおこなうことが望ましいのですが、準備が整わず十全におこなうことはなかなか難しく、どうしても場当たり稽古から始めることが多くなります。ただ幕開きや幕切れの処理は特に時間

がかかりますので、そこの部分だけでも事前にやったほうがよろしい
かと思います。

　俳優が合流してからの舞台稽古については、まずもって俳優の着到
状況をしっかり把握することです（体調など含め）。稽古場で扮装あり
の稽古ができたかどうかによっても俳優の入り時間が変わってきます
ので制作と連絡を密にすることが必要です。

　以前は行われていた小返し稽古は、上演規模が大きくなったことな
ど時間的な制約から近頃はまずおこなわれず、数場ごとに区切ってお
こなわれるブロック稽古が多くなってきています。場当たり稽古は俳
優を含めたテクニカルなことに特化したほうがよろしいかと思います。
（以前場当たり稽古で、時間がないとはいえ、照明の修正時間を与え
ずにどんどん進めてしまった苦い経験がある……室伏さんごめんね）

　稽古開始前に舞台条件の説明を俳優に行いますが、一度に多くの説
明を行ってもなかなか周知できませんので、場の進行につれて要点を
的確に伝えるようにしなければなりません。

　またこの段階で、俳優が抱く不安や疑問点を取り除き、安心して稽
古に臨めるように最大限の注意を払うべきです。（初めて本番用の装
置に接することが多いので、その構造がどうなっているかを俳優に理
解してもらうことはとても大事です。分かっているはずだと思い込ま
ないこと）

　長時間に渡ることが多いので、２時間をめどとして小休憩を挟むの
がよろしいかと思います（集中力の持続はこのくらい）。休憩中は小用
などや、問題の整理に時間を当てます。

　そのあと通し稽古に入りますが、その前に少しでもスタッフワーク
の修正時間を設けることが望ましい。通し稽古では全体の流れについ
て眼目を置きます。ただし、複雑な舞台装置転換で俳優が不安を感じ
ることがありますが、その場合は通し稽古を止めることもあり得ます。

　昨今は初日前にゲネプロを設定することが当たり前のようになりま

した。しかし舞台稽古日数の多少にかかわらず、闇雲に事前準備段階で、さも当然のようにゲネプロを決めてしまうことがありますが、それは稽古期間の進捗を睨みながら判断するのが望ましく、最初から絶対的なものとして決めてほしくないものです。ゲネプロは幾ばくであっても観客を入れることも多く、本番同様におこなわれますので、とても有効な舞台稽古にはなりえます。

　舞台稽古の期間中は、終了時間が遅くなることがほとんどですので、舞台・舞台裏、楽屋など特に火の元に注意を払わなければいけません。

　繰り返しになりますが、舞台稽古では各部署（特に俳優）に不安を与えず安心して稽古できるように努めることが肝要かと思います。

　以上のことから、劇場においての舞台監督は、何がどのように進行しているかを全体に周知することが、まずもって大事なことであります。

本番

　一般的に、幕が開いたら舞台監督は演出家の代わりを務めると言われますが、そのことの意味はもう少し議論されるべきではないでしょうか。本番に関わる舞台の諸事項は舞台監督の管理の範疇であることは論を待たないことですが、果たして舞台監督は演出家の代行たり得るか。たり得るとするならばどこまで同化できるのか。それともたり得るではなく、せざるを得ないなのか。

　ツアーなどでは劇場条件の違いなどによって、技術プランの手直しや俳優の立ち位置などの変更をしなければならないことがおきます。本来的には許されることではないのですが、悩ましい問題です。

　そもそも同化ということはあり得ないということは自明のことと思われますが、なぜか両者は一体であり舞台監督が全権委任されていると解釈される傾向がありましたが、その理由は上演形態が劇団主体の時期、舞台監督は演出家になるための一過程であったため、演出家の代行という意味が強かったのかもしれません。

　公演形態が劇団からプロデュース公演に軸足を移したことや、演劇の創造環境の変化により、舞台監督と演出家との密度も以前ほど濃密なものではなくなっており、表現技術の多様化によって、舞台監督業務の軸足も主にテクニカルワークのマネジメントへと移行しているのではないでしょうか。よって同化的なことまで求めるのは無理になっているかも知れません（実は最初から誰も求めていないかも）。

　であるならば、舞台監督の演出家代行的要素の内容は今一度吟味されてもよいのではないかと思います。

　「代行」とともに議論されるべき問題は、本番（または舞台稽古）中、舞台監督はどこにいるのかということです。本来的には、劇の成果は「客席から判断される」ものであるならば、観客側に身を置いて舞台進行をおこなうことが望ましいのかもしれませんが、人的配置の不十全性、ブースや連絡網など設備が整っていないことなどから、現実的にはなかなかその体制をとることが難しいです。またその場合、細部のCue出しなどは舞台上の人間に任せることにもなり、少なからず齟齬を生じる場合もあります。演助的ともいえるかもしれないデピュティ・ステージマネージャーというポジションを置けない現実がある以上、俳優の体調や舞台上の微妙な変化をも感じられる、舞台袖にいるという選択肢も認められるべきかと思います。

　他のことについても言えますが、上演形態がそれぞれ違うので、一概にこうだと言い切れないことが、我々の職責を考えるにあたって悩めるところとなります。

　舞台の全体的な統括者として舞台監督は存在していて、本番の「管理」「進行」も行いますが、その責は広い意味（俳優含む）でのテクニカルな部分に限ってもよいのではないでしょうか。

　よく俳優に対して所謂「ダメだし」をしますが、舞台監督としてのそれは明らかに演出範囲を逸脱した時や、劇進行の妨げになる場合、又は舞台使用上で不具合が起きた場合にかぎられるものです。演技そ

のものは俳優を信ずるべきであり、舞台監督としてのダメ出しとかノートというのは存在しないと思います。それは演出サイドの範疇と思います（そのためには、適時演出サイドと連絡を取り合うことは大事なことです）。

　上記の管理と進行は基本的に【舞台】のそれであり、フロント周りなどは制作者や劇場管理者の管轄になりますが、そのボーダーラインは明確ではありませんので、できるだけ情報の共有に努めなければなりません。ちなみに開場・開演時間の決定の責は制作者にありますが（技術部門でのアクシデントなどで変更の必要性がある場合には舞台監督は制作者に変更の要請をします）、開演準備の進捗や客入り状況など、常に連絡し合うようにしなければいけません。そのためにもスタッフの着到から開場まで舞台がどのように使われるかを、全体に周知させる必要が有ります。

　標準的な本番の一日は、当然開演時間から逆算して始まります。俳優のメイクなど準備にかる時間から考えて、ストレッチ・発声・あたり稽古を決め、そこから技術部門のチェック時間を決めますが、生演奏や映像・機構操作などが絡んできますと膨大な時間を要しますので、劇場側も含めての調整力が問われます。劇場はいつでもフルオープンしているわけではありませんから、退館時間に関しても、クールダウンが必要とはいえ楽屋を含めすみやかに後始末をしなければなりません。

　本番中の舞台監督はミスのない進行を行い、作品の質の維持を求めることにありますが、この方法論については特に定まった方法があるわけでなく、現状ではその人なりの経験・才覚・感覚で行われることの強いところかもしれません。
　ミスのない進行のためにも安全配慮は欠かせません。公演中は前述した事故範囲が全て当てはまりますが、特にデーター喪失・疾患・災

害など要注意です。公演中の事故はその影響がきわめて大きいので、細心の注意が必要ですが、先ほど述べたように、往々にしてなんでもない時にトンデモないことが起きますので、ある意味防ぎようがありません。とは言っても事前にデーターのバックアップの確認、俳優が怪我病気になった時の対応、停電に対するバックアップ体制の有無、交通機関の遅延などに対する考えなどを共有することが望ましいところです。特にこのような範疇でも舞台監督助手との情報と考えの共有はとても大事です。私のような頼りない舞台監督だと、助手が率先して動いてくれます。

　事故を未然に防ぐ努力は大事ですが、と同時に日頃から事後の方策の回路を構築しておく必要があるかと思います。現在、起きた地震に対する対応はある程度進められていますが、個別の事情もあり臨機応変にかまえることが必要です。

　ここで舞台監督の表現について少しく書いてみます。それは舞台監督にとっての表現領域はあるのかないのか、あるとすればなんなのか、ということです。

　もちろん本番では影の存在ですので、まるで居ないが如くに進行することがベストなので、直接的な表現は持ち得ませんが、他の部署同様全く皆無ということでもないかなと思います。うまく言えませんが、表現というよりはモチベーションと言ったほうが適切なのかもしれませんが。

　スティーブ・ジョブスが確かどこかでこんなことを言っていた記憶があります。「技術が問題なのではない。その先に何があるかが問題なのだ」。そしてジョブスは「それは感動である」と。

　業務において、舞台監督が技術の十全に万全を尽くすのは当然ですが、舞台監督は仕事ができて当たり前の世界では、何をもってモチベーションとしているのか。予算執行のことやデザイナーとの関係性も

調整に終始するだけではない有りようとはなんでしょうか。

　ジョブスの言葉を我田引水すれば、私たちの職域における「その先」とはなにか、そして果たして「その先」を見いだしうる職なのでしょうか。

　それは多分、人それぞれで異なるでしょう。「技術の中において想いを舞台に具現化する想像力」であったり、「スタッフワークを中心とした関係性の中でより高みの表現を紡ぎ出す提言力」だったりするのかもしれません。

　一つ言えるのは、座組みにおける【信頼】というものが舞台監督の職域における「感動」にあたるのではないかと思います。ですから舞台監督が公演の準備段階から撤収の最後まで現場に〔いる＝みる〕ということが各部署の安心と信頼につながり、大きな意味を持ってくるものだと思います。それがモチベーションにもなりうるものではないでしょうか。

　こんなこと言ってますつながりの蛇足ですが、リドリー・スコットが「映画製作は楽しくなければいけない。苦痛ならばやらないほうがいい」と言っています。また林芙美子はこう言っています「花の命は短くて苦しきことのみ多かりき」……ま、いいか。

　公演期間中は毎日ほぼ同じ時間割でもって進行しますが、そのことによって、いわゆる「慣れ」から緊張感を欠いてしまうことが起こります。もちろんそれはあってはならないことですから、各部署に細心の注意を払うと同時に、個人的にルーティーンを作って緊張感を保つ必要も出てきます。

ツアー公演

　公演が一箇所だけでは採算を取ることは難しく、多くの公演がツアー公演をその興行の中に組み込みます。その形態は数カ所の場合もあり、ほぼ一年中という場合もあります。

　以前は劇場条件の違いや、乗り打ちが多かったりで、ツアー用に内

容を変更したりする、いわゆるカット版の公演になることもありましたが、現在では少なくなりました。

　それでも毎回異なる条件下での公演ですので、準備・撤去の時間割はタイトになります。事前に公演先と打ち合わせはしてあっても、現場で違った印象を受けることが多々ありますので、適応力を身につけなければなりません。

　現地増員や備品使用ほか、お願い事などは当地の準備のこともありますので、早めに見通しを立てて連絡する必要があります。（稽古日数が少ない時などは、事前準備の段階で仕込み内容や時間割の当たりをつける必要があります）

　仕込みも図面上の印象と現物とは相当な違いがあったりしますので、その劇場の寸法・雰囲気に見合った仕込みにすることも選択肢の一つです。

　ツアーは移動も含めての仕事です。乗り打ちなどでハードな日々が続く場合などは、スタッフの健康面のことも加味してマネジメントしなければなりません。スタッフも現場の状況に応変できる人で構成する必要があります。

　ツアーの公演日程は割と早く決まることがありますが、妥当な日程であるかどうか十分に検討する必要があります。

　公演が長期になりますと、事故の心配も増えますが、連日にわたって一日中行動を共にしますので、メンバーの対人関係や感情面にも心しなくてならず、ツアー公演は一層の負荷が舞台監督にかかってきます。よって、まずもって舞台監督の体力気力の維持に努めなければなりません。そういう意味でオフ日（あれば）の使い方も重要になります。

　とは言え、○○さんのように港港に○○がいる、などというのはいかがなものかと思わなくもないが、羨ましいなあという気がしなくもない。

　最後になりますが、舞台監督に最も必要な力とはなんでしょうか。

それは【伝達力】です。伝令という意味ではなく、〈伝えてことを達する力〉です。肝要なのは意思の伝達とその反映かと思います。

時間の差配

澁谷壽久

　舞台監督の仕事は『時間』との闘いと言えます。『時間』を配分し、『時間』を管理することがあらゆる場面で要求されます。この項ではいくつかの例をあげて、舞台監督がどの様な観点から『時間』を差配しているかを考察します。

稽古場での時間

　稽古場での『時間』管理は主に演出助手が行います。舞台監督は決められた稽古スケジュールの中で、いかに効率的に稽古が進行できるかを考える事になります。

　工業的な生産活動と違い、舞台での上演を目指した創作活動では「無駄」も貴重な要素となります。つまり試行錯誤の繰り返しが必要だと言う事です。すぐに結果を具現化したいという欲望にかられる私のような舞台監督にとっては我慢のしどころです。いかに演出家や出演者に楽しく試行錯誤ができる環境を作るかが腕の見せ所と言えます。稽古用大道具、小道具の準備をしっかりして、限られた『時間』の中で様々な可能性を探る『時間』を捻出しなければなりません。

仕込み舞台稽古での時間

　舞台監督の仕事の中で重要な物のひとつが仕込み舞台稽古のタイムテーブル作りです。

　タイムテーブルに関しては別項で詳しく語られるので、ここでは仕込み舞台稽古時に舞台監督がどの様な『時間』感覚を持つかについて考えます。

　仕込み・舞台稽古はまさに『時間』との闘いの極致です。そんな中

で最も考えなければならないのは休憩『時間』です。人間の集中力は90分が限界とよく言われます。効率、安全面を考え90分おきに休憩を取りましょう。

　「５分休憩！」というコールをよく聞きますが、私は15分休憩を推奨します。「５分休憩」が「５分」で終わるのを見たことがありません。何でも予定通りいかないと知らず知らずにダレるものです。15分の休憩でも少なくとも最初の５分くらいは直前の仕事の話題や今後の話に費やされます。それは脳の休憩とは言えません。家族のことでも世界情勢でも競馬でも、とにかく全く仕事と離れた話題をすることを推奨しましょう。

　それから休憩コールの時には、再開時間を必ず伝えるようにするといいと思います。

　もう一つ、作業や稽古の『時間』配分を考える時、15分は多めに見積もりましょう。予期せぬトラブルや計算違いを修正するのに最低15分は必要だからです。修正案を検討するのに10分、対応に５分で15分です。幸運にも順調にいったら15分休憩を取りましょう。

本番での時間

　主に演劇では本番開演までの『時間』を舞台監督あるいは舞台監督助手が本番に携わるスタッフ、キャストに告げる習慣があります。この『時間』のコールが、メイクのスタート、着付の準備、トイレ、楽屋から舞台袖への移動等のルーティンの目安となるのでできるだけ正確に伝える必要があります。

　ただ、時として「15分前！」を言いそびれてしまったりする事があります。私はそんな時は「14分前」などと正直にコールする様にしています。ルーティンの開始の目安であると同時に、開演という一大イベントへのカウントダウンでもあるからです。緊張の連続がスタートする『時間』への心構えをするための『時間』コールなので大切に伝える様にしましょう。

　さらに、開演『時間』の「オシ」について一言。開演『時間』の変更には様々なパターンがありますが、私はひとつだけ心掛けている事があります。「定刻には必ずアクションすべし！」です。例えば3分前に1ベルが入る公演を5分押しにした場合、本来の定刻に何も起こらない事になります。30分前の開場時から客席で待っているお客様への敬意を表して定刻に開演しない場合は定刻に1ベルを入れるといった習慣をつけましょう。

時間の観念

　舞台監督のみならず、舞台に関わる人間にとって重要なのは『時間』を守るという事です。これは何も我々の世界に限った事ではありませんが、多くの人達と共有しなくてはならない『時間』をいかに大切にするかと言うことです。デザイナーやアーティストの中には『時間』にルーズなことを気にしない人達もいます。舞台監督にはそういった人達をも気分を害させる事なく、自らが調整した『時間』の流れに乗せて円滑に『時間』を進めることがもとめられています。

逆算力

みかみつかさ

　舞台監督に最も必要な力を【伝達力】のほかにもう一つあげるなら、私は【逆算力】と答えます。各部署を取りまとめる「集約力」や、目標に向かって物事を進める「推進力」の元となる必要不可欠なものであると思うからです。

　仕事の依頼を受けほどなくして【逆算力】が必要となります。事前準備の段階で舞台監督助手を集めるにしても、作品をどうイメージするかで、集める顔触れが違ってきますし、この頃からすでに初日から逆算して、やるべきことのシミュレーションを繰り返して準備に当たるからです。

　稽古期間に入って情報が多くなり、やるべき事柄もチームとして進行しなければならないので、逆算の精度を高める必要が出てきます。
　外部発注物のでき上がりもそうですし、各プランなども劇場条件や時間的なことなどから考えて具現化を図ります。さらにこの期間では最終的にバラシ、後始末までが視野に入ってきますので、逆算するポイントを絞って考える必要もあります。
　稽古期間中などは逆算とシミュレーションの繰り返しといってもいいでしょう。舞台稽古の予定を組むなどはその最たるものです。仕込み・舞台稽古でもまずもって時間の制約からくる逆算力が求められます。その中での自身のプランと各部署とのせめぎあいとなるわけです。

　初日が開いて本番になってもこの逆算は終わりません。１日の公演だけみても終演や後片づけから考えて進めることも多々ありますし、

千秋楽の後のことも常に考えています。

　つまり舞台監督の仕事ではすべての業務が終了するまで【逆算力】が必要とされます。そしてその逆算の妥当性、信頼性などが評価の対象となるわけです。

　当然逆算するためには到達点のイメージがなければなりません。そのイメージは固定されたものではありませんが、それが舞台監督のプランとなります。

　私は後ろにも目がついていないとアカンという言い方をしますが(自分のことは棚に上げて)、それは周りに注意と気配りをいう謂と同時に、時間軸においても前も後ろも見ていないと必ず行き詰まるという意味からです。

　舞台監督の商売は【逆算】の商売であるとも言ってもよろしいかと思います。

舞台稽古の進行

澁谷壽久

　舞台監督の舞台稽古における立ち位置は、その舞台監督の個性や考え方により様々なスタイルがとられています。ここではどの様なスタイルがベストかを考えるのではなくそれぞれの利点と欠点を検証することにします。

　まずひとつ目の例としては、客席での進行です。自ら作成した転換表やCueシートに沿って、上手く場面転換等が行われているかを照明や音響効果も含めて観客の目線で客観的に確認できます。また演出家が求めている舞台表現を確認して、上演時の指針を得る事もできます。

　理想的なスタイルと言えますが問題点もあります。実際の上演時も舞台上の作業は舞台監督助手や演出部のメンバーに任せて客席で監督できる様な環境であれば申し分ありませんが、昨今その様な恵まれた現場は人件費予算の関係で少なくなっています。そのため本番時は、舞台監督自らが袖でCue出し等を行わなくてはならないのが現状です。その場合代役を用意して舞台稽古を進行したり、本番と同様のCueシステム（インカム、モニター、Cueランプ等）を客席に仮設したりの対策が必要になります。

　いずれにしても舞台の見え方が変わるので初日に向けてのスムーズな移行が必要となるでしょう。

　二つ目の例としては進行を演出助手に任せて、舞台上や袖周りに目を配りその補佐をしていくというやり方があります。最近は専門的な知識を持った職業的な演出助手が増えてきたので、このスタイルも多くみられます。本番通りの環境で舞台進行できるので初日に向けての

負担は軽減されます。その上客席からは見逃しがちな出演者や舞台スタッフのモチベーションの把握も容易ですし、袖中の問題点も明確に判断できるでしょう。

　ただし注意しなければならないのは客席からの視点、客観性の欠如です。これを補完するためには明かり作りやテクニカルリハーサルにおいて極力客席に身を置く努力が必要となります。

　次に三つ目の例としては、マイクパフォーマンスが好きな演出家に進行を任せて、その補佐をしていくというスタイルがあります。この場合はタイムキーパー的な役割を担う事が重要です。また安全面への気配りや、進行する演出家の視点から外れる部分に留意しつつ、客席や舞台上、袖周りにくまなく目を配り補佐をしていく必要があります。演出家の性格や傾向を把握した上でないと難しいスタイルかもしれません。

　四つ目に、（おそらくこのスタイルが一般的に一番多くみられると思いますが）舞台上で舞台監督自らが進行していくというスタイルがあります。この場合舞台監督には過度の負担がかかります。しかも時間的に逼迫している状況下で進行しなければならないという制約も加わる事が多いでしょう。

　いかにして優先事項を解決していくかが勝負の分かれ目となります。そのためには事前の綿密な打ち合わせや、舞台にできるだけ近づけた稽古場仕込みをすること、出演者や演出家やプランナーとの信頼関係の構築等が必要不可欠になるでしょう。

　まだまだ多種多様なスタイルがあるとは思いますが、まとめにはいります。どの様なスタイルにおいても留意しなければならない事を列記してこの項を終わります。

①全体を俯瞰で見よ

②メンバーのモチベーションに注意せよ

③優先順位を的確にせよ

④メリハリを大切にせよ

⑤いかなるスタイルを取っても進行の責任は自らにあると覚悟せよ

修正力と引き出し

みかみつかさ

　舞台監督は準備段階から計画性をもって物事の進行にあたりますが、演劇は生ものですからそうそう計画通りにはいきません。

　稽古期間までは変更を重ねても大きく問題になることはありませんが、劇場に入ってからの変更は影響が大きいので慎重を要します。

　そこで舞台監督の力量として問われるのが「修正力」です。全く変更をしない「突破力」だけの人もいますが、やはりそれだけでは解決できないことがあります。また、やたら変更を繰り返すとそれは信頼感の欠落に至り、突破するだけより多くの問題を残します。

　勿論「突破力」が必要とされる場面が多いのですが、どちらに偏っても問題を残しますので、変更の軽重を見極めて判断するのが修正力です。その修正力を養うのによく自分の引き出しを増やすことが大事であると言われます。たしかに経験と引き出しの多さは判断の基準になりますが、その場ですぐ修正というときなどはあまりこだわらないほうがよろしいかと思います。

　選択肢が多いとどれが正解か迷うことがあります。買い物でも商品が多いとなかなか決まらないものです。

　知識として引き出しは多いに越したことはありませんが、いざというときの「修正力」には自分の感性・感覚を頼ったほうがいいと思います。

　この感性・感覚とはその人の演劇に対する心構え・スタンスといったものです。失敗すれば二度と仕事が来なくなるかもしれません。しかしそのスタンスがその人のスタイルへとつながっていきます。

　ですから極論を言えば、「修正力」に限らず舞台監督には、経験な

どよりは演劇に対する向き合い方・取り組み方こそが最も重要になると思います。

　蛇足ですが、私は結構変更の多い舞台監督で、特にツアーなどでは劇場の雰囲気でタッパや間口を変えたりします。皆によく怒られますが……。

劇場での「舞台監督」の生態（初日まで）

北條 孝

1 劇場での作業が始まる

　舞台監督は、稽古場の撤収から劇場への移動、資材の搬入・仕込みの流れの中で、言ってみれば注意を全方位に向ける。なぜならば作業が劇場空間のあらゆるところでスタートするからだ。

　たとえば、搬入車両の進入口、搬入口・エレベーター・主舞台・ロビーエリア・楽屋等。そこで進行している作業、起こったトラブルや事故情報のすべては制作者ともども舞台監督に上がってくる。

　一人ではすべての場所に居られない。あらかじめ打ち合わせをした舞台監督チーム（演出部）の各々が、搬入資材と共に移動してそのエリアを統轄する。

　舞台監督本人はというと、タイムテーブルの時間軸にある主たる作業が行われている現場にいることが多い。

　時には特殊な搬入作業や危険がともなう場所に立会い、主たる作業の現場のほうを演出部メンバーに担当してもらうこともある。

　私はタイムテーブルのラインの時間軸は1本の線で書く。他のセクションが同時に作業することもあるが、重要な事は、今この時間帯の主たる作業は何かという事を共有することだ。そしてその作業が、時間通りに進行していくようサポートするのは舞台監督チームの仕事だ。

2 情報の物置場

　搬入・作業のメドがついたころ、最初の15分休憩。
　この間に声をかけられる。

「あの〜弁当はどこに置きますか〜」

「稽古場に演出家の上履き残っていませんでした〜」

「舞台稽古の時、主演の○○さんが30分ぐらい遅れそうなので出演していないシーンから場当たりできますかね〜」

　これらはこれからどう仕込みの段取りをとろうかと考えている時に割り込んでくる……だが、冷静を装う。

　初日までなら何とか人格者のようにふるまえるはずだ。

　すべての質問を受けとめよう。

　仕込みが再開される。少しするとまた問題が起きる。

・仕込みの材料が足りない

・道具の組み合わせが合わない

・照明機材の調子が悪い

・客席の通路で映像プロジェクターを移動している最中、入り口が狭くて壁を壊してしまった

・アルバイトと大道具さんがケンカを始めた等

　大丈夫だ。「問題を解決するために私がいる」の立場に立ち、積極的に問題の中に入っていこう。

　重要なのは、その時々の問題で当初の予定よりどのくらい遅れたかを頭の中に記憶していくことだ。

3　作業の遅れのやりくり

　明らかに時間を押すことになりそうな場合、次の作業をすべく準備しているスタッフに早めにその旨をインフォメーションする。

　キャストが劇場に入ってきてからの舞台稽古の時間に遅れのツケを回さないようにしたい。

　「どう時間の折り合いをつけるか」

　どんなに作業工程が遅れていても、音響さんのベースのチェック時

間は予定通りにやってもらう。スタッフが共倒れにならないように準備ができるセクションは予定通りやってもらおう。

　では、照明の時間帯で「遅れた作業をどうやりくりするのか……」などと考えていると、決まって大道具チーフが「あの〜美術家が壁のマチエールを直したいとおっしゃっているので、時間をどこかでいただけませんか？」

　え〜、やはり、一発では決まらない。

　まぁしょうがない、なんとか〜と考えているそばから「すぐに背景さん手配したいので、時間決めてもらえませんか？」とくる。

　"え、そんなすぐに決めろだなんて……"と思って表情に出てしまうが、言葉では言ってはいけない。

　初日まで余裕のある日程ならある程度道具直しの時間をタイムテーブルに組み込める。

　しかしそんな現場ばかりではない。

　照明プランナーと演出家の顔を思い浮かべる。

　下手に出たらどちらが時間の相談にのってもらえそうか？　座組によって違う。

　仮に演出家を選択したら、舞台稽古の時間にターゲットを絞り、稽古時間を予定より早めに終わってもらう相談をすることを想像する。

　まぁ大丈夫か？

　「じゃあこの日の夜の時間帯でやりましょう!!　背景さんに連絡してください」

　結論を後回しにすると必ず次の問題が起こる。

　早めにつぶせるところからつぶしていきたい。

4　スタッフ各セクションとの調整

　そうこうするうちに「タッパ決め」といわれる時間になる。

　大道具の細かな作業が残っていても、いったん取りやめて照明やベースになる道具の飾りを決める。

美術家・照明デザイナー・演出家と共に客席から微調整しながら決める。

　図面などでは気づかなかった飾りのヌケや道具の不具合が発見されることも多々ある。また宿題がふえる。時間が足りない。相談だ!!

　まずは次の主たる作業の照明シュート。チーフをつかまえる。全て暗くして作業するのではなく、ある程度作業灯的なものを残して他の作業も共にできるような環境でやれないか？　と交渉。

　ほとんどのスタッフがOKしてくれる。

　ありがたい!!

　最初の美術をセッティングするという作業につまずいてしまうと、いきおい舞台監督チーム（演出部）も美術の仕込みの助っ人として参加してしまう。それはチームとしてはありがたいことだが、照明作業で暗くなってしまう前にしておかなければならない仕事が後回しになることもある。

　小道具のセッティング位置、早替わり場所、キャストの動線の確認等だ。特に照明機材や音響スピーカーが置かれる前に、演出部の希望するスペースと他のセクションの置き場がダブった時の目安をつけておきたい。

　照明シュート作業。ブリッジがない劇場では高所タワー等でスポットの当たりをとる。時として道具の一部が邪魔をして、タワーが目的のスポットに届かない。スタッフは無理をして高所で何とか当たりをとろうとして、危険な体勢になったりする。

　あぶない!!　いやチャンス!!

　「無理しないでください。その邪魔しているパネル、一旦バラしますよ!!」と善意の声掛け～。

　私達は美術作業だけに肩入れしているわけではない。あなた方の作

業にも目配りをしていますよ〜のアピール。

　音響に関しても同様だ。見切れを気にするあまりスピーカーの前に無造作に降りている袖幕などを見つけたりした時、音響スタッフにはそのことによる音作りの影響への有無を確認しておく。

　出し惜しみせずに皆に"気づかい"オーラを発散する。

　そうそう〜衣裳さんにもと、袖中へ入ると、すでにそこには険しい顔をした衣裳スタッフが腕組み。

　「遅かった!!」おそるおそる「この場所では早替わりどうでしょう……」と問いかける。

　「ここじゃ間に合わないわよ〜」とため息。無言で衣裳部屋へ。

　「初日が開いたら衣裳さんとの関係を修復すべく食事会だ!!」と心にインプットする。

　まぁいろいろあるなぁ〜。と頭を整理しに楽屋エリアで一休み。と、「やっと見つけた」とばかりに声がかかる。

　「あの〜いいですか？　昼のお弁当、おっしゃっていた数と違うんですけど、とりあえず制作の分を回して何とかしましたが、夜は大丈夫ですか？」とくる。

　「俺だって食べてないよ〜」とは言わず、「増員のスタッフがいたかもしれないので確認しておきます!!」と笑顔で答える。マハトマ・ガンディーの心境か？

　推理小説のページをめくるように、人の感情の動き、好き嫌いがない交ぜになって展開する様はとてもワクワクして面白い。ただ読者として見ているうちは良いのだが、話の主人公として劇中に入ってしまうと大変だ。

5　舞台稽古

　そうした数日を経過して、キャストが劇場入りしての舞台稽古。

やはりスタッフだけの時間とは違った緊張感が漂う。制作の手配する弁当の中身もグレードアップする。

技術的作業が残っていて、最後のシーンまで稽古することが難しい場合でも、舞台稽古スタートの最初の時間は守りたい。

まず舞台説明。舞台監督がマイクあるいは大声で、舞台・客席に集合したキャストに稽古場で表現できなかった空間のこと、違い、キャストの動線の説明をする。

私の場合、あまり細かなことまで説明せず、時間を区切って自由に袖回りや着替え場所、小道具がスタンバイされている位置の確認をキャスト自身にしてもらう。

細かく説明しようとすると、言葉を噛んでしまったり、え～と、あと他には……等、この人、人に説明しようとすることがうまくできていないと思われてしまう。

不安と緊張の張りつめている空間での第一声は、沈着・冷静でなおかつ信頼感を持たれるメッセージでありたいものだ。

必ず陰で「噛まないように練習を！」

またこのタイミングで、テクニカルスタッフの作業の為、本日は消化すべきメニューの途中までしか進行できない事情についても触れる。その時言ってはいけないフレーズがある。

「今日の場当たりですが、○○の作業が遅れているので・・・」

実際遅れているのだが、少しずつ玉突きのように押されて自分の作業時間が少なくなってしまい、結果、間に合っていないだけなのだ。

私はよく「○○スタッフの作業時間が十分ではなかったので・・・」という言い方をする。満座の前では予定通りに進行していない責任が特定のセクション・個人であるかのような発言は慎むべきだ。万一責任の所在を明確にすべき時があるとしたら舞台監督が謝罪しよう。

「申し訳ありませんでした……」

　舞台説明が終わって、いよいよ舞台稽古。稽古のやり方をどこで区切って、どこの確認をして、どこからやるのか？

　プランを立てるのは舞台監督の場合もあるし、この作業は絶対に舞台監督だと言う人もいる。

　ミュージカルやバレエ公演、オペラ等、参加しているスタッフ、出演者の範囲が多いと、舞台上だけでなく稽古を進める上で合意を取るべき人・セクションとの進行調整役がいたほうがスムーズにいく。

　たとえば、演出助手と呼ばれる稽古場で一番キャストの動き、演出家の意図を理解しているスタッフと、舞台監督が相互に打ち合わせ、お互いの舞台稽古に関する役割を確認しておくとよい。

　2人とも、客席にいて相談しながら進行するのが望ましいが、他のスタッフとの連絡系統の問題等で舞台袖に舞台監督がいたほうが良い場合もある。

　またもう一つの利点は、袖にいるとCueを出しているタイミングが演出家の耳に届かないので、転換が間に合わなかった理由が舞台監督のせいだと思われにくい……。

6　通し稽古

　舞台の場当たりの目標は、次の通し稽古（場合によっては直接ゲネプロのみの場合もある）の時、キャスト・スタッフが不安無きようにできる最低限の段取り確認をすることにある。

　あるシーンの照明が完成されていなくて、実際の照明の中で場当たりができなかったとか、場当たりの中で大道具を直す必要が生じても時間がなくて直せずに、通し稽古の流れの中で初めてシーンを当たることになるとかなど、イレギュラーなことが多い。

　通し稽古は初日の前にどうしてもやらなければいけない作業だが、場当たりが不十分な場合は、安全の観点からも舞台監督は稽古をいつ

でも止める覚悟をもって臨まなくてはならない。

　又、通し稽古の時間の余裕がなくなり初日と同日にしか稽古の時間が作れない場合。

　本番前に通し稽古をして初日を迎えるのか、いやいやそれでは通し稽古のダメ出し～直しの時間が取れない、どうするか？

　前日になんとか１幕だけ通しをして、初日の昼は２幕の通しとか～？

　いやいや本番の時間配分を経験させるほうが重要だから、時間を延長しても前日に全幕を通してやるべきだとか。

　演出家・プランナーをまじえて舞台監督との協議は続く。

　しかも複雑な舞台転換を強いられる作品などは、自分自身のCue出しや転換の整理もしなくてはならない。全てに誠実に向き合っているなんて「実によくやっている！」と誉めてもらいたいものだが、誰もそんなことは言わない。

　「自分で自分を誉めてあげたい!!」のだが、経験上そうすると必ず通し稽古で大きなミスをしてしまう。

　自分より人の為に何をすべきか考えなくてはならない。

7　初日を迎えて

　初日はどんなに時間が押してきても、開演の１時間30分前には稽古は終わりにしたい。キャストの休憩、初日に向けた気持ちの整理の時間、そしてスタッフの最終チェックの時間は必要だ。

　何より公演をスタートさせる最初のCueを出す自分が落ち着いて台本を見直す余裕が欲しいものだ。

　そんな時に限って「すみません、ロビーのホットミールなんですが、早く食べてもらわないと片付けが……」

　「ごめんなさい、電車が今、止まっているそうで、開演時間の相談を……」

　「今、アナウンスチェックしていいですか……」とくる。

　こんな中で「私の父親も入院していて、最後の別れをどこかでしてくれ。と言われているのですが……」などと自分から切り出せるわけがない。

　舞台監督にとって、どんな事情があろうと、公演の初日の幕を開けるという行為は何ものにも最優先する。

　また、現場で起きる全ての作業で「舞台監督（チーム）の仕事ではない」と、自分から範囲を限定するような態度はとってはならない。

8　余談

　全方位に注意を向けて公演の幕を開ける舞台監督は、幕を開けたらその方位に変化はあるのだろうか？

　慣性の法則だ‼　そんな事はできない。

　初日という公演の大きな山を越えると、ある程度決まった日常が訪れる。

　同じことの繰り返し。人との挨拶も作業も同じ。だが舞台監督の全方位思考は残る。

　ある公演では、幕開きから20分間何もない。

　登場人物の入れかわりも舞台転換も……。20分後初めて大黒幕がバックのホリゾント幕の前に降りる。

　この20分間芝居を観るということに集中すれば良いのだが……私達は考えてしまう。

・もし今地震が来たときの初動対応は

・公演のバラシの段取り、トラックの手配

・地方公演の図面をいつ書こうか

・衣裳さんを誘うのは焼き肉屋が良いかなぁ、いや、それとも……

　そんな事を考えていると、あっという間に20分。

　「あれ〜、大黒‼」と冷や汗をかいて舞台を見ると大黒は降りてい

る。
　ほどなく聞こえる、インカムからの声「聞こえますか？　北條さん」
「インカムチェックです」のスタッフの声。
　「良好!!」と返事。何が良好だ!!　皆さんが支えてくれている。
　自分ひとりで仕事をしているわけではない。
　でもこんなこと私だけですか？

舞台監督の実際

1. 実務と各セクション

舞台監督の実務

大刀佑介

　舞台監督は膨大な実務をともなう仕事です。全ての実務を舞台監督ができる訳はなく、舞台監督助手とともに実務をこなしていくことになります。ただし舞台監督は実務についての把握と助手に対しての適切な指示、取捨選択が必要になります。ここでは舞台監督の指示の下、舞台監督チームとしての実務の内容をまとめたいと思います。

事前準備〜稽古中の作業

カテゴリ	タスク	手順	作成資料
スケジュール	タイムテーブルの作成	劇場入りから初日までと地方公演などのスケジュールをまとめ、時間配分を確認する	タイムテーブル
	稽古スケジュールの把握	打ち合わせや小道具進捗などの準備	稽古／本番スケジュール
予算の確保	人件費、大道具、小道具、雑費の予算を把握する		
チーム編成	舞台監督助手を集める	各ポジションに適任な人を集める	メンバー表

稽古中(もしくは事前準備)の作業

カテゴリ	タスク	手順	作成資料
台本の把握	作品の時代背景、登場人物など	出ハケ、きっかけ、転換、音響、照明の書き込み	香盤表
	資料集め、よみがな		
タイムの計測	総尺、場ごと、早替え、転換、暗転のタイムの把握		
役者の把握	プロフィールの把握	・身長、体型、スケジュールなど ・スポンサーに入っている商品は無いかなど	プロフィール
	コンディションチェック	室温、湿度も	
小道具の準備とメンテナンス	小道具リストの作成	・台本から小道具、使用者の洗い出し ・借り物、作り物、買い物の選定	小道具リスト
	仮道具の準備	・ベストは「仮道具が本道具になる」という意識で準備する ・演技にかかわる小道具はできるだけ早く本道具にできるようにする（役者の演技に影響するから）	
	本道具の準備	・壊れそうな小道具の場合は予備を用意 ・安全確認も忘れずに	
		レンタル小道具の発注：小道具会社に発注する	発注リスト
		作り物の発注：作り物の小道具は舞台監督助手でまかなえるのか、特殊小道具として発注が必要なのか	
	消え物の準備	・衣裳に付着しても大丈夫か、もしくは付着しないか？ ・必要量の検討	消え物リスト

稽古中（もしくは事前準備）の作業（つづき）

カテゴリ	タスク	手順	作成資料
小道具の準備と メンテナンス 　　　（つづき）	日々のメンテナンス	・壊れ、汚れがないかの確認とメンテナンス ・メンテナンス資材の準備も同時に行う ・コップなど、消毒して清潔を保つ	
	雑費管理	領収書／精算書の作成	精算表
舞台美術 大道具の準備	立ち稽古の準備	稽古場仕込みの段取り	
	舞台美術（平面図）の把握		
	動線の確認		役者動線図面 転換動線図面
	舞台セット、劇場壁などのバミリ	・高さの違いはチェック（バミリで稽古する場合、高さが分からない。その違いを壁などで示す） ・客席通路や客席両端など、見切れに関わるところはバミって確認できるようにする ・客席動線は稽古場でも距離感が分かるように	稽古場図面
	建て込み		
	吊物のタッパ	目安を稽古場で示せるとよい	
衣裳／履物／被り物などの準備	履物の準備	・履物はほぼ演出部の管轄になる。衣裳デザイナーと打ち合わせして、収集する ・特殊な靴はレンタル靴屋に発注することもある	履物リスト（キャストの足サイズも把握） 発注リスト
	被り物、装飾品	被り物、装飾品（帽子、メガネなど）などの準備	衣裳リスト
	特殊衣裳の準備	着ぐるみなど、特殊衣裳	発注リスト
	早替えタイムの確認	どこの袖で早替えし、次の登場はどこなのか、タイムも計測し実現可能性を図っておく	衣裳香盤表（タイム入り）

113

稽古中(もしくは事前準備)の作業 (つづき)

カテゴリ	タスク	手順	作成資料
衣裳／履物／被り物などの準備 (つづき)	衣裳合わせ準備	衣裳合わせスケジュールのすりあわせ	
	衣裳付き通しの準備	稽古場での早替え場の検討	
特効の準備	特殊効果の準備、実験、発注		発注リスト
音楽	楽曲の収集	・CDを借りてくるなど、準備が必要なことも ・データで管理	
	音出し（音響補助）	稽古場での音出しを舞台監督チームで担うこともある	
	音響稽古場仕込み補助		
役者の動線やポジションの把握	出ハケ確認	・早替え場所の検討、小道具プリセット場所の割り出し ・次の出番までのタイムを把握	香盤表（出ハケ）
	役者演技のポジション確認	役者の演技の立ち位置を把握する	
掃除・消毒	掃除	稽古場の環境づくりから	
	消毒	・床、大道具、小道具の消毒 ・役者机、椅子等 ・稽古場全体の整備に気を配る	
転換	舞台の小道具、舞台セットの転換の把握		転換表
	転換の人員配置 手割り	・各転換の必要人数の割り出しと人員配置 ・安全に行えるように配置する	
	役者に介添が必要な箇所の検討		
	Cueの必要箇所の洗い出し		
プリセット	小道具、転換道具、役者スタンバイなど、プリセットの確認		プリセット表 スタンバイ表

劇場仕込みのための準備

カテゴリ	タスク	手順	作成資料
舞台セットの確認	仕込み平面図／断面図の作成	寸法、早替場、見切れ、ため場などの考察	仕込み平面図／断面図の作成
	道具帳の作成	大道具の全体像、仕込み勝手を把握する	道具帳
劇場の把握	劇場機構の把握	・バトン、盆、迫り等の舞台機構を把握する ・劇場図面にない馬立や棚等を確認する	
	劇場備品の把握	劇場で借りられるか、道具発注になるかの考察	
	劇場搬入条件の確認	EV、搬入口の大きさ、搬入できる道具サイズの考察	
	バトン割り	各セクションと話し合いのうえ決定	バトン割表
大道具の発注と準備	仕込み手順と資材の選定	・どの順序で仕込むかの検討 ・基準位置はどこにするか ・搬入／搬出のため場の検討	仕込み資材、大道具一覧
	大道具の発注（仕込みの 2 週間程度前）	大道具会社と発注打ち合わせ	発注大道具表
	道具調べ	・劇場機構との兼ね合い、懸案事項のチェックを行う ・可動するものの動作チェック ・パネルの作りを調べる 両面パネル、突起物のありなし、刃が出ていないかなど調べる	
	パネル一覧	抜き蝶など細かく記入	パネル一覧表
	合番をふる	仮組する場合は仕込みやすいように予め合番をふる	
タイムテーブルの作成	いつまでに何をしなければいけないかを考える		タイムテーブル
バミリの確認	稽古場バミリの数値を記録		バミリ図面

劇場仕込みのための準備（つづき）

カテゴリ	タスク	手順	作成資料
資材在庫確認	資材の確認、整理	テープ、ビス、釘などの消耗品の確認	
各種申請	消防申請	劇場で禁止行為をする日（例えば場当たり初日）の14日前締め切り	申請資料一式 消防隊組織図 タイムテーブル
	搬入の申請	搬入口の道路がせまいなど、トラックを着けるのに申請が必要な場合もある	道路使用許可申請
	劇場申請	・備品のレンタル ・避難口誘導灯の消灯許可	劇場申請資料 車両申請 避難口誘導灯消灯許可申請
劇場打ち合わせ	打ち合わせ資料の作成	・仕込み平面図、断面図 ・タイムテーブル ・吊物進行表 ・Cueシート ・上述申請資料	平面図 断面図 タイムテーブル 吊物進行表 Cueシート
袖周りの準備	早替場の場所、サイズの検討	現場衣裳さん、ヘアメイクさんと入念な打ち合わせ	
	足元灯などの準備	必要数、球切れはないか	
	姿見、シュテンダーなどの準備	現場衣裳さんと入念な準備	
	頭上、足元など養生の必要な個所がないかの確認と養生資材の準備		
	袖中の音消しの検討	パンチなど必要かどうか	
	見切れの検討		
	蓄光テープの準備	蓄光はノーマルなのか高輝度なのか。サイズを検討	見切れ図面
トラック積込み	トランポの発注	積載量の検討	
	車両運行予定の確認	トラックの運行予定確認、積み込み順などを検討する	発注車両表 車両運行表
	小道具などの返却場所の確認		

劇場仕込みのための準備 (つづき)

カテゴリ	タスク	手順	作成資料
トラック積込み （つづき）	買い出し、荷出しリスト	必要資材の選定	買い出し、荷出しリスト
	積み込み表	・道具が傷つかない積み込みを考える ・バラシ、仕込み勝手を考える ・トリ小屋の必要性を検討する ・パネルの寸法を合わせる ・大きさ、スペースの総体を書く ・高さをそろえる ・パネル養生を考える ・一番大きいパネルのラインでそろえる	積み込み表

劇場仕込みについて

カテゴリ	タスク	手順
劇場確認（搬入前にすること）	劇場さんへの挨拶	
	仕込み図面と劇場機構の現状比較	仕込みにおける懸念事項などを事前に確認する
	点呼	各チーフはいるか確認
朝礼（やらないことも多い）	各セクション担当者の紹介	
	劇場から注意事項の確認（安全帯、ヘルメットなど）	
	タイムテーブルの確認	
	仕込み手順、搬入捌き場所の周知	
	安全に関する事項の確認	
	その他、全体周知事項	
搬入	仕込み順と搬入のバッティング調整	・舞台監督の号令により搬入がスタートする ・搬入経路の交通整理
	捌き場所の指示	小道具、衣裳はどこへ行くのか
仕込み	時間管理	休憩や時間配分の調整
	安全管理	危険事項の確認と注意喚起
	仕込みの進行	全セクションの進行具合を確認
	大道具仕込み	・バトン割り（吊り込み/吊り替え）の指示 ・寸法出し ・可動や安全面に問題がないかを監視する ・大道具補助 ・キャスト動線や、芝居に影響するところはしっかりやる
タッパ	タッパとは吊り物の高さ決め。事前に図面で想定する	
バミリ	シュート時に必要	
	ナンバー（舞台ツラに３尺おきに入れることが多い）	
小道具、中道具のセット	シュート時に必要	

劇場仕込みについて（つづき）

カテゴリ	タスク	手順
袖中の整理	早替え場	・どこにどの大きさで建てるのがいいか、位置を衣裳、メイクと相談、動線確認 ・明かり漏れ対策 ・足元灯、鏡、かつら台、シュテンダーなどのセッティング
	袖中　敷物	・役者動線の確認 ・見切れの確認、矢印、コード養生 ・音消し（パンチが多い。裏か表かは舞監の好みだったりする） ・袖番号（必要かどうかの検討）
	危険箇所	・足元灯やポジションランプの設置 ・明かり漏れ対策 　避難口誘導灯の明かり漏れはないか確認 ・袖中小道具置き場（テーブル、ラック）の設置 ・危険箇所には養生をして怪我をしないように注意
	舞監卓のセット	・進行台本置き（本番中の居場所を作る） ・Cueランプの仕込み ・暗視カメラ、モニターの仕込み
美術色直し	美術家、大道具と一緒にやることもある	
転換について	転換物の確認 大道具さんと打ち合わせ	置き場所、バミリ、可動、動線確認
動線の確認	・危険箇所の確認 ・蓄光を貼る ・動線の確認 ・客席動線の確認	
資材管理	資材はすぐ使えるように整理整頓 ロビーなどの片付けも忘れずに	
シュート／明かり作り補助	明かり漏れの確認	暗転チェック、袖明かり漏れのチェック
	立ち位置の指示	
	バミリの確認	
場当たり準備	・注意事項、危険箇所の確認 ・トランシーバーの準備	

本番について

カテゴリ	タスク	手順
開演前準備	役者のコンディションのチェック（着到、声、動き、きっかけ）	
	変更箇所の連絡（例えばバミリの位置が変わったなど）ルーチンと違うことが起きた場合の連絡	
	開演前コール	開場、30分前、15分前、5分前
	舞台進行中に何か起きた場合の対応	本番を止めることも
本番の進行	役者スタンバイ確認	
	スタッフスタンバイ確認	
	タイムの計測	
	Cue出し	
	転換	
終演作業	終演後コール	明日の連絡など
	壊れが気になる道具、小道具の点検	
	終演後の片付け、掃除、消毒の作業	
バラシについて	旅公演がある場合、公演終了の場合によって変更有り	次の劇場の搬入口の位置を確認
バラシ順確認	廃棄、倉庫保管、返却など、大道具、小道具の確認	
返却場所の確認	車両運行表の作成	
積み込みの確認	積み込み表	
	注意事項の確認	
バラシ打ち合わせ（バラ打ち）	バラシの手順	返却場所、劇場備品の再確認
	ため場の確認	
	搬出手順	
	増員の確認	
劇場復帰	幕類や移動した物など	
公演記録の作成	舞台美術、小道具、転換に関わる資料（写真付き）の作成（再演があっても困らないように）	

音響と舞台監督

矢野森一

　舞台監督は照明、演出、制作、美術、音響、衣裳、特殊効果、映像等いろいろなジャンルとの関わりで生きています。舞台監督単独では何もできません。

　ここでは演劇、ミュージカルでの音響との関わりについて考えて見ます。

　同じ電気を使用する照明とは大きく違います。弱電（音響）と強電（照明）という意味でも大きく性格を異にします。

　音響さんはとても細かく繊細な方が多く、仕込みなどでもスピーカーの吊りで細かい角度調整を求めています。

　照明さんは大雑把な方が多いと思いますが、やはりムービングなどスポットの位置などは厳密性が求められます。

　ミュージカル等でザーザーと音を出す（ピンクノイズ）調整は時間を区切るのが重要です。ほっておくといつまでもやっています。（3〜4時間は普通）

　ワイヤレスマイクを多数（24波以上）使用する場合は劇場により条件がいろいろあります。まずA帯（免許、使用申請）なので地方に行った場合は時間の余裕をもつことが大事です。

　その上、コロナで除菌、消毒にも時間がかかります。

　音響調整の時間ですが、今はいろいろなソフトを使用しています。なのでソフトの調整時間です。ここであまり時間を与えなくて、舞台稽古後に調整（直し）の時間をとったほうがいいかと思います。

　そして、今も昔も切り離せないのがノイズとの戦いです。昔は照明のコードと並んでいるだけでノイズが出ました（近頃は照明とのノイ

ズは減りました)。音響機器どうし、電源からとかもあります。

　今、解消されないのはLED特にアーチ型に飾られたLEDとワイヤレスマイク（特に800メガ帯）の干渉ですが、両者が4mほど離れると干渉しません。

　これからもノイズとの戦いはいろいろ続くと思います。

　音響は演劇、ミュージカルでは稽古場から長く付き合っているセクションです。美術、照明にいつも押されているので、舞台監督はなるべく助けましょう。

美術と舞台監督

矢野森一

舞台監督と美術について考えてみます。

美術と言うと装置、小道具、衣裳とありますが、これを一人のプランナーがやることは数少ないように思われます。

今回は装置に限って見てみます。

まず、金森馨氏（1933～1980）を考えてみます。

彼は舞台装置を考える時、立体でとらえていたような気がします。それまでの装置家は平面図とエレベーションで演出家、照明家、俳優に説明していました。

それが、彼は模型で説明しました。今は模型が必要条件になってきていますが、その頃ではおそらく初めてではないでしょうか？

ただ、今は模型だけ出して発注する美術家もいますので、描き抜きは道具会社の営業さんが描かなくてはなりません。金森さんは詳細な描き抜きも描いていました。

次に朝倉摂氏（1922～2014）です。

彼女は舞台をキャンバスとしてとらえていたのではないでしょうか？

彼女の油絵（東京都現代美術館に数点ある）を見たのですが、圧倒されました。

舞台でも色彩と構図にこだわっていました。

そしてもう一人が島次郎氏（1946～2019）です。

武蔵美で油絵、彫刻を勉強したのち舞台美術に行きました。

舞台でなかなか使わない素材にこだわった美術でした。鉄や自然木

等を使い、舞台監督や大道具さんを困らせていました。

　北海道出身だからか、作品は荒々しく大胆な表現が多い気がします。

　装置を語る上では大道具さんも大事です。営業さんだけでなく、工場の大工さん、背景さん、美工さん、鉄工さん。皆さん、一癖も二癖もある人が多いです。

　稽古場から離れて大道具の工場や鉄工場に行って彼らの仕事を見たり、いろいろな話をすることも大事でしょう。

照明と舞台監督

矢野森一

　照明と舞台監督の関係を考えてみます。

　照明さんはとてもモテるセクションです。

　なぜなら俳優さんを美しく見せることができるからです。

　まあそれはさておき、照明は舞台上を明るくするのが一番の作業です。ただ明るくするだけでなく、奥行きを出したり装置を立体的に見せる技術が必要です。

　そして、時間をも作り出すことができます。夕方から夜へ、夜明けから昼間へと時間を演出します。

　照明は多い時で約1000台の器具を使います（サス６本、フロント、シーリング、ステージをあわせて）。

　ムービング機材を使う場合はその機材を制御する技術も必要になります。そしてそのことは、舞台監督が断面図をより正確に書くことを必要としました。

　以前なら現場で調整していましたが、現在では照明家が前もって角度計算や仮打ちしてムービングの調整をするからです。

　一文字幕等の高さは図面上で正確に描くことになります。仮打ちで明かり合わせの時間も短縮できます。（でも、時間のかかる人はいます）

　今はCueが200〜400は普通です。ミュージカルだと800〜1000は普通です。

　演劇の場合、前は小分けを書くプランナーが多くいました（小分けとはシーンごと、Cueごとに図面を書く、それをチーフが総合図面、仕込図にする）。ただ、ムービングの普及により小分けを書くプランナーが少なくなった。

そして、LEDがこれから普通になる日も近いと思います。

個々の機材も進化し続けることでしょう。

それらの機器を舞台監督も知ることが必要です。合わせに時間がかかるかトラブルにどう対処するか？　勉強しないとついて行けません。

前述と一見矛盾するような言い方ですが、照明で一番大事なのは暗闇を表現することだと思います。

そのために明かり漏れをどう減らすのを考えるのが舞台監督です。

パネルの裏を黒に塗るとか、コロガシの隠しを工夫するとかです。

照明はやはり暗闇です。

第2部　舞台監督の実際

2. 実務のあれこれ

舞台監督の持ち物

大刀佑介

　舞台監督は思考力、判断力、調整力、対応力、安全管理能力など、自身が持てる能力を駆使し、リーダーシップを発揮する仕事であり、能力さえあれば持ち物は必要ないとも言えますが……。ここでは舞台監督の持ち物をまとめてみたいと思います。ただしこれらは必ずしも必要というわけではなく、あれば業務に便利に使えるというものです。舞台監督になるためにはこれを揃えなければいけないものではなく、それよりも大事なのは全体を見る力やよい解決方法を指南するためのツールであることです。

○服装

　舞台監督の服装は、黒を基調とした服が好ましいと思います。しかし、実際にはカジュアルでおしゃれな、かっこいい舞台監督はたくさんいます。

　舞台監督はトラブルが起きた場合には舞台上に出ることが必要になります。例えば、暗転で舞台上に残ってしまった小道具を回収するなど、他の舞台監督助手が転換に入っていて手がない時には舞台監督自らが転換することもありますし、そもそも人手不足のために舞台監督が転換に組み込まれることはよくあります。そして、舞台機構トラブルや災害など有事の際には舞台上で観客に状況説明することもあります。そのため、舞台監督は暗転中に目立たない黒を基調とした清潔な格好を意識したいです。

　私は本番の進行の際には黒のシャツと黒のズボンで進行するようにしています。それは上述のように舞台上に出なければならないことがあること、制作との協議をおこなう際にロビーへ出てお客様の目に触

れることもよくあるからです。また、自分を戒めるためにも舞台監督の制服という意味合いで黒シャツ、黒ズボン、第一ボタンまでかけて進行するのは自分には合っている気がしています。

○ノートと筆記用具

舞台監督にはたくさんの情報が集まってきます。そして次から次へと情報を処理していかなければなりません。そのため常にメモを取る習慣をつけ、いつ決まったことなのか、いつ変更されたことなのかが分かるようにしておくことが大切です。「何でこういうことになったんだっけ？」と過程を落としてしまうことがよく起こります。そんな時にも演劇の創造過程をしっかり把握し、作品の方向性や本質を見失わないようにしたいです。

もちろん、業務的な連絡事項や懸念事項も常に意識し、日頃からメモを活用して遂行していきたいです。

○テンプレート

台本にCueを書き込むときに使うテンプレートです。進行台本は誰が見ても分かるようにきれいに書くように心がけたいです。

○三角スケール

舞台監督は図面も読めなければいけません。その時に必要になるのが三角スケールといわれる建築用の縮尺を測る定規です。

今はパソコンで図面上の距離を出したり大きさを測ることが容易にできますが、打ち合わせ等、数名で同じ図面を見て話をする際などにはその場で計測できる三角スケールはとても便利です。

舞台では尺貫法が使われていますが、尺貫法の三角スケールはなかなか入手困難になってきました。

○ストップウォッチ／時計

　ストップウォッチはお芝居の時間を計ったり、転換時間、衣裳の早替えの時間の測定などに欠かせない道具です。また開演の時刻を確認するために時計を使用します。私は正確性を重視するため電波式置き時計を舞監卓に置いています。もちろん腕時計でも構いません。本番中の音に注意し、アラーム等の機能はOFFにしておくか、もともと付いていないものを選ぶのが安全です。私はストップウォッチのスピーカーを外して使用しています。卓上の時計には気温、湿度計が備わっており、舞台の環境を把握するのにも有効です。

○メジャー／スケール／巻尺

　メジャーはよく使います。稽古場のバミリや、サイズ感をイメージしたり、演出家と共有するにも必要なものです。舞台監督は長さやサイズの感覚を養い、どのくらいの距離か、大きさかなど数字や図面を見ただけで分かるのですが、人に伝えたり、脳内イメージを確認するために使います。また、大道具の建込み基準点を出したり、平面図と劇場機構のズレがないかを検証したり……。使う機会は数え切れません。

　そして、演劇界では未だに尺貫法が使われており、「尺相当目盛付」のメジャーを使う事が多いです。長さは長くなればなるほど、メジャーも重くなるので、5.5mだったり、7.5mだったりは人それぞれです。ごくたまに10mのメジャーを持ち歩く人を見たことがあります。長いものとしては20mの巻き尺を使う方も多いです。最近では、レーザー光線で距離を計測するレーザー距離計を使うこともあり、稽古場のセンターを出すときに稽古場の端から端までの距離を測ったり、劇場で一文字のタッパをレーザー光線を当てて出すといった使い方をします。

○パソコン

　舞台監督に限らず現代生活において必須の持ち物と言えるでしょう。

舞台監督が作る資料はパソコンを使うことで見やすく、共有も便利になります。メールでのやりとりも多いので添付できるデータとして作成していくことをお勧めします。舞台監督がよく使うソフトとしては、タイムテーブルや小道具附け帳、香盤表などを作成するExcel。図面を描くソフトとしてはベクターワークスが業界で多く使われているソフトになります。舞台監督助手は、IllustratorやPhotoshopなどの画像加工ソフトを使って小道具の瓶のラベルを作ったり、写真を加工する仕事もあります。

　パソコンはWindowsかMacかという話がよく話題になりますが、どういうわけか舞台監督はMacを使っている人が多い印象があります。普段の持ち物が多くなるので、軽いパソコンがいいと思います。

○ペンライト

　ペンライトは必要です。これは舞台監督に限らず、舞台に関わる人なら必須の持ち物です。なぜなら舞台は暗いのです。照明がないと真っ暗になります。そして袖はもっと暗いのです。袖には転換の大道具や小道具、配線ケーブルなど危険なものがたくさんあります。真っ暗では何も見えません。自分の手元、足元を照らすためにもペンライトは必要です。

　また、吊物の動線確認など、スノコまで照らせるような強力なライトがあると安全確認の際に力を発揮します。

○暗視カメラ

　劇場に備え付けのカメラがある場合もありますが、ない場合は自分で持ち込みます。暗転中の安全確認を行い、転換終了を確認してCueを出すのに有効な道具です。また、舞監卓から舞台全体を監視するのにも便利です。現在、暗視カメラやモニターは数千円から手に入るようになりました。とても費用対効果の高い道具だと思います。

○ある程度の工具

　カッターも高頻度で使用する工具の1つです。カッターを持つなら
カッターボードは必要でしょう。このように1つの工具を扱えば付随
してその他の工具が増えていくというジレンマもあります。持ち物が
大量になってしまい、稽古場が変わるごとに多くの荷物を運び入れる
ことにもつながります。舞台監督は必要なものが何かを見極める力も
重要だと思います。これまで舞台監督と大道具さんが混同されるよう
なこともありましたが今では、舞台監督がナグリ（金槌）やインパク
トなど大道具に使うものは必ずしも必須の持ち物とは言えなくなって
います。

　多くの舞台監督は舞台監督個人として使うものの他に舞台監督資材
として現場で使うものを現場ごとに持ち運びます。それは舞台監督助
手が自由に使えるような工具であったり、劇場に入ってから早替え場
に仕込む足元灯なども舞台監督資材の中に含まれます。舞台監督資材
の範囲は終わりがなく、快適な稽古場環境、劇場環境を追求すればい
くらでも手を広げることができます。しかし、広げすぎても終わる事
は無いので、ここまでは自分の持ち物、なければ代替案を探したり、
あるもので解決する、もしくは買うくらいの気持ちで望まなければ多
くのお芝居に対応することはできません。

　舞台監督資材の例を挙げておきます。
掃除用具、舞台面用ナンバー、トランシーバー、衣裳資材（アイロン、ミシン、シュ
テンダー、姿見、乱れかごなど）、消火器、チョークライン、水糸、工具(インパクト、
丸のこ、ガンタッカーなど)、滑車、カラビナ、クリップ、延長コード、足元灯、赤ポ
チ、安全ピン、他消耗品（テープ類、ボンド類、釘、ビス、バインド線、色ネタ、雑
黒、ロープ、蓄光テープ）。

書類作成業務

矢野森一

　舞台監督はたくさんの書類を作成しなければならない。そしてそれは舞台監督一人でなく、チーム＋制作共にやる作業です。

- メンバー表（スタッフ＋キャスト＋事務所＋業者）
　　舞台監督チームのメンバー表は緊急連絡先、血液型等を入れたほうがベスト
- タイムテーブル
　　GPスケジュール〜これは舞台監督が作成する。各セクションの休憩時間を入れる。最終は舞台稽古1週間前までに出す
　　稽古スケジュール〜演出助手と協議して決める
　　旅スケジュール〜制作サイドと協議して決める
- 香盤表
　　衣裳香盤表
　　出ハケ香盤
- 発注リスト
　　大道具〜美術家に任せず、補修用品等も発注する
　　小道具〜発注、買い物、作り物等に分ける
　　衣裳
　　特殊小道具
　　特殊効果
- 稽古場図面
- 劇場図面〜平面図、断面図（断面図は照明、音響、映像にとっても重要です）
　　バミリ用図面
- バトン割り表

135

バトン進行表（cueシートと連動）
・転換表〜２〜３回書き直し、最善のものを出す
　　プリセット表
・照明cueシート〜進行台本に○で書くことが多い
・音響cueシート〜進行台本に□で書くことが多い
・消防申請書類
　　禁止行為解除承認申請書
　　消防隊組織図
　　禁止行為タイムテーブル
　　（本火使用の時は消火方法を丁寧に）
　　火薬等がある場合、保管場所、保管方法の図面等
　　張り出し舞台等がある場合、客席の変更の図面等
・道路使用許可申請
・劇場申請書類〜車両リスト、非常灯の消灯申請
・地方公演用
　　劇場への送り（借用品リストも出す）
　　主催者への送り
　　（搬入搬出要員、現地照明音響、道具の人数）
・積み込みリスト
・バラシ打合せ表
・保管リスト
・資料用写真
・資料用台本
　これらの書類を舞台監督チーム＋制作で作成し、舞台監督がチェックする。
　書き方はそれぞれでいいと思いますが、相手方がわかりやすく、あまり細かくならないことが重要です。
　それと型にはまりやすい仕事ですが作品ごとの自由度があってもいいかも？

香盤の書き方

みかみつかさ

　香盤には衣裳香盤、履物香盤、マイク香盤、トラック香盤などそれ
ぞれセクションによっていろいろな香盤がありますが、ここではその
もととなる最も大事な俳優香盤の話をします。

　昔々平安のその昔、貴族の間で盤上に香木（木片）を置いて匂いを
かいで名前を当てる、という遊びがあったそうです（何が面白いんだ
か分かりませんが）。その盤に升目を切って木を置いたところから香盤
と呼ぶようになったと、昔の人が言ってました。
　つまり香盤そのものが表になったものなので、香盤表と呼ぶのは表
表と言っているようでいささかウ〜ムです（いまさら言っても詮無い
が）。

　さて、歌舞伎系（と言っていいのかどうか）では名前を列に、場面
を行に書いて縦使いで表記し、表題に〈大入り叶〉などと入っていて
趣がありますが、現代劇ではほとんどが横書きとなっていますので、
サンプルも横書きのものを載せます。掲載されたものはあくまでもシ
ンプル且つ基本的なもので、その形は俳優構成・台本構成・上演規模
などによって様々です。
　俳優香盤はだれが作るのか。演出助手の仕事かと思われていますが、
若干舞台監督とは視点が違いますので、二者のどちらか早い者勝ちか
と思います（私は舞台監督が適していると思います）。とは言え、場
名や俳優の序列など構成に違いがあってはいけません。

①やはりメインキャストから並べる

②場名は台本に書いてあるものを使う（無い場合は分かりやすく、場の要点をとらえたものにする）

③場の時期・時間帯も入れたい

●は板付き、○はすぐ出、→は舞台に出ている時間帯のイメージ

・なるべく空欄を多くして書き込みできるようにする

・この他に出ハケの上・下、基本的な扮装などを後で入れる

・色分けする人が多いが私は好まない（せいぜいモノトーン）

　繰り返しますが、ほかの香盤や附け帳などのおおもとになるものですから、場名・序列などは他の部署とも共有できるものでなければなりません。

可児市文化創造センター 『移動』俳優香盤

2018/8/29

	その一	その二	その三	その四		その五	その六	エピ
	ティータイム	洗濯物(出発)	ビラ貼り屋	墓場		荷車損傷	鳳	晴天
	晴天	晴天	晴天	晴天	朝	晴天	夕方近く	白昼
	午後三時	昼間	白昼	夕方		昼間		
1 竹下 眞子　女	上→残	下→残	上→残	○上→残		下→上→残	上→上→残	上→下
2 たかお 鷹　男	上→残	上→残	上→残	○上→残		上→上→残	上→上→残	上→下
3 嵐 圭史　その父	上→残	上→下	上→	上→残				
4 本山可久子　その母	上→残	上→残	上→残	○上→残		上→残		
5 星 智也　若い男	上→下	上→下	上→下					
6 田村 勝彦　貼り屋の夫			上→残	○上→残				
7 山本 道子　貼り屋の妻			上→残	○上→残				
8 横山 祥二　男二						下→上		
9 鬼頭 典子　女二						下→上		

alla Collection series vol 11
「移動」 2018.10～11
作：別役実　演出：西川信廣
可児市文化創造センター

Cueシート

岩戸堅一

◆いつ書くの？

Cueシートは稽古が進んでいくと稽古場で書き上げる事が多いと思います。

しかし、稽古場は稽古を優先しなければならないので舞台監督がCueシートなどの資料ばかりを作っているわけには参りません。

それでなくても昨今の舞台監督はパソコンばかりを覗いていて稽古をあまりみていない舞台監督も多いと聞き及びます。

※いつまでに書くの？

作品にもよりますがCueが多い場合は概ね一週間くらい前に転換表と共に劇場に届くようにします。

※絶対に作成しなくてはいけないの？

そんなことはありません。キッカケが少ない舞台などは当日打ち合わせで済む場合もあります。しかし、キッカケが少ないとはいえ何らかの資料があるほうが良いと思います。

◆どこで書くの？

稽古の開始前及び稽古終了後にひっそり書き上げます。

だがしかし、稽古場にて稽古時間外に書いていますと稽古場を管理している制作・制作助手などから無言の圧力を感じながらの作業になります。

そこで「稽古場はわたしが閉めておきますのでお先におかえりください」。この一言で格段に状況はかわります。

「えっ、いいのですか？　ではあとはよろしくお願いします」。

電気を必要最低限に抑え好きな音楽やラジオを聴きながら稽古を思い出し台本を片手に作業に入ります。

勿論その時間で間に合えばいいのですが時間には限りがありますので通勤時間などでタブレットを使用しながら書くこともあります。

設定した期日に間に合わないと判断すれば自宅作業になることもあります。

※Cueなの？　Qなの？

基本的には「Cue」が正しいです。Cue＝キッカケ・手がかり・合図になります。

Qを用いる方もいらっしゃいます。確かに台本に書き込む時はそれでも良いと思いますが全体と共有するCueシートを作成するにあたりどちらかを選ぶのかとすれば……。

あとは個人的判断でお願いします。オバケはQ太郎でいいのですが。

◆誰が書くの？

舞台監督が書きます。若しくはそれに相応する方。なぜ相応する方という書き方をしたのかといえば、昨今舞台を掛け持ちでお忙しい舞台監督もいらっしゃいますので必ずしも担当する（クレジットされている）舞台監督が書いていますとは言い難い状況も生まれてきていますので。

※トラって？

舞台業界に関わらず「トラ」という言葉を耳にします。この「トラ」は「エキストラ」のトラから広く広まり舞台では。「～の代役」「臨時雇い」的な意味合いが強いと思います。

◆なぜ書くの？

一番の理由はキッカケの共有及び周知です。

舞台にて転換等をおこなう際にどのタイミングでどうやって転換をするのかは「場当たり稽古」にて行います。キッカケ通りに上手くいかない場合はなぜ上手くできないのか？　人的配置や機構は想像通りに可動しているのか？　稽古場で重ねてきた転換は思い通りにできているのか？　舞台監督は総合的に判断し手当てをしながら進行していきます。よってそれらを総合的に判断してCueシートは作成する事になります。

※事前打ち合わせはいつやるの？

転換の擦り合わせのタイミングは作品の規模にもよります。勿論「場当たり稽古」が始まる前には済ませておかないと稽古が進みません。良き時間を見計らい、時間がかかりそうならタイムテーブルに打ち合わせを記載しても良いと思います。大掛かりな機構を使用する場合は稽古が始まる前に資料は取り寄せておきましょう。

※タイムテーブルなの？　タイスケなの？

舞台監督の作成する「時間割」は「タイムテーブル」です。昨今では「タイスケ」という言葉を良く耳にします。多分タイムスケジュールという単語を作成し縮めたものだと思います。

「言葉は変わっていくもの」と心の広い方々は一定の理解を示しておりますが「あ〜監督、タイスケできてます？」などと言われるとなぜか少しムッとするものです。「舞台監督」を「ブタカン」と言い放つものと同じくらい違和感があります。「Cueシート」や「タイムテーブル」は各セクションの仕込み時間を予想し休憩のタイミングはいつ頃が良いのか？　ゆとりを持ち無理のない作業時間で安全に作業が行えるのかなどを考えて書いています。

劇場で仕込みの際に「照明の仕込み図」「音響の仕込み図」「舞台

図面」「タイムテーブル」などが散らばっている現場に遭遇します。

　その際は「は〜い、これは誰のずめ〜ん」と大きな声で持ち主を探してあげましょう。それぞれのプランナーが精魂込めて書き上げた図面です。大切にしましょう。

◆どうやって書くの？

　いくつか注意点はあると思いますが「これが絶対」というものは存在しません。舞台監督それぞれ自己流ですが「理解しやすく」「丁寧に」「無理がないか」などを想像しながら作成していきます。

○Cue番号

○台本（テキスト）ページ番号キッカケとなる動機（セリフ・音楽・
　転換・動き等）

　などは最低限記載したほうがいいでしょう

　以下、参考資料です。

Cueシートの例

Cue No	Page	キッカケ	盆・吊物・迫り・スッポン	盆番号	網元	その他	音響
					#04 座敷牢 #6諏訪パネル #7 吊格子上手 #8 吊格子下手 #15風林火山 #16 武田家紋 #45月行灯		
0		開演 cue		1		花道3人	遠吠え
1		花道通り過ぎて		1		すっぽん Dn	
1.5	0	加藤啓乗り込んで		1		すっぽん盗み Up	
1.7	0	SE		1		すっぽんUp	
2		ようこそ明治時代へ！		1	緞帳Up		
3	0	「わ～！」全員out					OP M
4	2	馬嗚		5		花道	
4.5	3			5	#16 ↓	盆データ	S1
4.7		《勧助マント翻して》		5	#16 ↑	45度 0'20"	
5	19	【ヘイ！】	【盆】			90度 0'26"	S2
6	27	S2.5 「♪歪んだ～」	【盆】	4-5 上出し 0'20"		135度 0'32"	
6.5		S2.5 アウトロ	【吊物】	5	#8 ↑	180度 0'35"	
7	29	M	【盆+吊物 同時】	5-6 上出し 0'20"	#8↑		
8	34	勘助・走り出し	【盆】	6-1 上出し 0'32"			S3
8.5		0'20"後	【吊物】	1	#7.#8.#16 ↓		
9	46		【盆+吊物 同時】		#7.#8.#16 ↑	B-C	
10	50	顕如・去り	【盆】				
10.5		0'15"後	【吊物】	3	#7 (高) #8 (低) ↓		
10.7		四天王				P1-53 襖 in・三条消し幕	
11	54	「完全な・・・」	【盆+吊物 同時】		#7.#8 ↑		
11.5		0'15"後	【吊物】	1	#16 ↓		
12	56					襖 out	
13	59	高坂「失礼します。」	【盆+吊物 同時】	1-4 上出し 0'32"	#16 ↑		
14	65	晴信・去り	【盆】	4-6 上出し 0'26"		A-C	
15	67	景虎・去り	【盆】	6-1 上出し 0'32"			
15.5	68	四天王登場 [M]	【吊物】	1	#16 ↓		
16	72	晴信・去り	【盆+吊物 同時】		#16 ↑		
16.5		0'10"後	【吊物】	8	#6 ↓		
16.7		盆決まりで	【すっぽん Dn】	8			
16.9		【晴信】乗り込み	【すっぽん盗み Up】	8		盗み【高】9秒	
17	75	頼重「実は・・・」	【すっぽん】 Up	8			
17.5		【晴信台詞終わり】	【すっぽん】 Dn	8			
18	76	頼重「それは」	【盆+吊物 同時】	8-1 上出し 0'20"	#6 ↑	《上手黒パネル》in	
18.5				1			
19	85	顕如「私も同じです。」	【盆】			《上手黒パネル》out	S4
19.5		盆決まりで	【中迫り1号】 Dn	5			
20	86	S4 「だけど殺めて」		5	#16 ↓		
21	87	勘助「考えられないんだよ！」	【盆】	5-1 上出し 0'35"			
21.5		0'07"後	【中迫り1号】 Up	1			
21.7		0'25"後	【吊物】	1	#04.#7.#8 ↓		
22	91	《斬首》	【盆+吊物 同時】		#04.#7.#8 ↑	C-B	
23	93	S5「♪生きる定め～」	【盆】				S5
23.5		S5終わりアウトロ【全員寄って】	【緞帳】	1			

禁止行為解除承認申請

みかみつかさ

はじめに

　現在禁止行為解除の申請にあたって、イベントの主催者も申請者として書類提出することが可能になりましたが（劇場の承認が要らないのか？）、申請行為は舞台監督がそれをおこなうことが主流です。劇場承認の有無に関しては疑問点もありますが、本原稿は改定された東京消防庁の手引きに則って記述します。

禁止行為とは

　劇場のような不特定多数の人が集まる建築物ではひとたび事故・災害などがおきると、多くの犠牲者を出す恐れがあるため、そのようなことを防ぐためにあらかじめ法的規制が掛けられています。不特定多数の人が出入りする一定規模の場所で行われる『喫煙』『裸火の使用』『危険物品の持込み』の行為を禁止行為として規制しています。

　これは自治法によって東京都に付託された消防法に規定された条例であって、厳密には消防法そのものとは違うものです。つまり各自治体の条例ですのでそれぞれ多少の違いがあります。そうとう昔になりますが、某地方市で東京の申請書を見せたところ、それまで禁止行為解除の申請など皆無だったので慌てて条例を調べたということがありました。その時はこんなことなら出さなきゃよかった（という問題ではありませんが）という苦い経験が（ということでもありませんが）ありました。

規制している場所とは

上記条例での指定場所は次の通りです。（劇場関係だけ抜粋します）
［劇場、映画館、演芸場、観覧場、公会堂若しくは集会場（以下「劇場等」という）の舞台又は客席］

　　注：袖中、楽屋も含まれます。倉庫等一時的に演劇やコンサート等をおこなう場合も適用されます。

喫煙に関しては適切な喫煙場所を設ければいいようですが、以下のような決まりがあります。（これは劇場での決まりですが、現在ではほとんどの場所が禁煙になっています）

○喫煙場所である旨を明示すること
○通行、避難上支障がないこと
○消防用設備の操作障害とならないこと
○周囲の可燃物から水平距離1.8m以上確保すること
○安定性のある不燃性吸い殻容器を設ける
○区画は準不燃以上とする

禁止している行為は

指定場所では次の３つの行為を禁止しています。

| 喫煙 | 裸火の使用 | 危険物の持ち込み |

喫煙とは

点火してたばこを吸うことですね。

裸火とは

炎、火花または発熱部を外部に露出した状態で使用するもの。

○炎・火花

○都市ガス・液化ガス・灯油・木炭等気体燃料・液体燃料・固体燃
　料を熱源とする火気使用設備器

○電気設備器具で発熱部が露出しているもの

○発熱部が非露出であっても表面温度が400℃に達するもの

危険物持ち込みとは

以下のようなものを指定場所に持ち込む場合、危険物品の持ち込み
といいます。

○ガソリン・灯油・アルコール等の危険物

○火薬・玩具用煙火（クラッカーとか小花火など）

○可燃性ガス（LPGとかスプレーなど）

○可燃性液体類・可燃性固体類（アルコールランプとかロウソクと
　か固形燃料）

＊ライター等常時携帯するもので簡易なものは該当しません

| 可燃性液体類
危険物 | 可燃ガス | 可燃性固体類 | 火薬類 |

指定場所の管理者等の任務は

　禁止される行為に応じて、次のような標識を、建物の入口など見やすい箇所に設置しなければなりません。

禁煙	火気厳禁	危険物品持込禁止

解除承認とは

　事故防止のため、本当はダメだが審査基準を満たせば特別に例外として認めてあげてもいいよ、というのがお上のスタンスです（道交法のように）。

　承認のための審査事項としては概ね下記のようなものがあります。

　○安全対策が十分か

　○他に代替がないか

　○必要最小限であるか

　○行為や機器の特性、性能、安全性が確認できるか

　○消火用設備の設置、防火管理体制など支障ないか

　○申請内容が適正におこなえるか

　○関係法令に違反しないか

申請から承認まで

　先ず劇場の担当者と相談しましょう。初めての時や対処等分からぬことがある時は管轄消防署（予防課）にも相談しましょう。

　申請書その他書類を揃えて消防署に申請します。申請は行為をおこなう日の10日前までに行います（初日ではなく）。書き間違いや不備等ある場合もありますので早めに提出した方がいいと思います。

　とは言ってもギリギリになるまで行為内容が決まらない場合が多いので、その時は舞台監督の知見と読みが必要となります。

　申請は内容を熟知している舞台監督がおこなうことが望ましいと思います（客席形状・避難誘導などの話が出ることもありますので、制作者と伴って行くのがベスト）。

解除承認

　当該消防署は申請書を預かり、審査事項等の<u>書類審査</u>をおこないます。申請の時に調査日を決めますが、当日決められない場合や不明点がある時などは後日連絡が来ますので、電話番号を伝えておきます。<u>現地調査</u>の日が決まりましたら、必ず制作者に知らせましょう。

　行為日の前に、消防署担当者が劇場で現地調査を行います。

　行為内容は必ず相応の人がチェックをしておきます。基本的に行為内容の実験を伴いますが、張り切ってオーバーアクションにならないように気をつけましょう。昔の話で恐縮ですが、口から火を噴く演技があって、現地調査の時に某俳優が何を思ったか目一杯床に火の塊をまき散らしたことがありました……勿論そのあと「あんなところで見せ場を作ってはいけない」と叱っておきましたが、ふとローレンス・オリビエの「いい俳優はだれよりも強く『私を見て、もっと見て』と思うものだ」という言葉を思い出しました（関係ないか）。

　書類審査と現地調査をクリアすると解除承認に至ります。

　通常は承認されると、解除承認印を押印した申請書一式が返却されます（内容によっては期間限定の承認証を付加されます）。

　1 部は劇場担当者に渡し、期間中見やすいところに掲示してもらいます。もう 1 部は制作責任者に渡します。

裸火使用	危険物品持ち込み

これで一安心ですが、油断大敵です。

取り消されることもありますのでご用心、ご用心。

添付書類

　〇公演概要（何処で何をやるかを記したもの、チラシが良い）

　〇場所の平面図及び配置図（舞台平面図に行為場所や行為、動線、
　　消火器の配置を記したもの）

　〇進行表（申請行為のタイムテーブルや公演予定など）

　〇扱うものの明細図（寸法、重量、１回に使う使用量、成分等）写
　　真に書き込むもよし

　＊スタッフ各部署は消火、連絡等について役割を共有しておくこと
　　が望ましい

　＊申請各書類は簡潔明瞭に書くように心がける。いたずらに添付書
　　類が増えてしまわないように。この頃は点数稼ぎなのか、見栄え
　　を気にするせいなのか、やたらファイルが多くなる傾向にありま
　　すが、必要書類はそんなに多くはありません

　＊この他、所轄署（劇場）によっては自衛消防隊や管理計画書など
　　要求するところもあります

終わりに

　禁止行為とその申請に係る解説をしましたが、留意すべき点は当然ながら体裁を整えて審査にパスすることではなく、事故災害は必ず起きるという前提のもとに、その対応を十全に取るということが大事です。又、舞台監督はじめ関係スタッフは、日頃から消火器、消火栓、スプリンクラー、探知器などの実践的な知識・操作習得などに努めることが肝要です。

　法規の基本的な考えは、観客の安全を守るということにありますので、客席の方がより厳しく規定されています。それらの法規も習得しておくといいでしょう。

スキマ産業的な役割

澁谷壽久

　舞台作品を創る時、各主要セクションにはそれぞれにデザイナーまたはプランナーが選ばれます。各セクションは選ばれたトップの指揮のもと創造活動を進めていくことになります。我々舞台監督は、それら各セクション間の調整をしつつ演出家の補佐をして全体の進行を統括していきます。

　しかし、舞台の世界でも世の御多分にもれず「これどこの担当？」的な担当セクション不明、或いはいくつかのセクションにまたがる公約数的な物件がいくつかあります。全体を統括しなければならないという業務の性格上、そういった物件は舞台監督及び演出部が拾い上げ担当していくことになります。

　以下代表的な項目をあげ、舞台監督がどの様に考え対処していくかを検証して『スキマ産業的役割』の重要性について考えていきたいと思います。

小道具

　小道具は「持ち道具」「置き道具」「消え物」に分類されます。古くは「小道具方」という専門のコーディネーターがいて差配していました。現代でも専門業者の担当者がその役割をしてくれる事があります。また装置家が「置き道具」の指定を細かくしたり、衣裳デザイナーが「持ち道具」の指定をしたり用意までしてくれる事もあります。しかしそれでも溢れていく数多くのアイテムを拾い上げて舞台監督チームが担当する事になります。

　余談になりますが私の駆け出しの頃は「俳優附帳（はいゆうつけちょう）」なる物が存在し、各俳優が事細かに自らの役作りに必要な物を書いていました。それら

155

をまとめて演出家と協議して小道具屋さんに発注したものです。現在ではこの古き良きスタイルはほぼ絶滅してしまいましたが、残念なことです。

　私が小道具を選択する上で一番重要だと考えているのは戯曲の読解力です。

　まずト書きやセリフに書かれている小道具に関しては時代考証をすることは言うに及ばず、その場の状況や登場人物の性格、置かれている状況を加味して選択していきます。

　次にそれらの小道具が悪目立ちする事なく、あるいは埋没してしまわない様に注意してメインの小道具の周辺に戯曲に書かれていない小道具を配置して劇空間を構築していきます。この工程こそ舞台監督や演出部の腕の見せ所となります。たとえ椅子ひとつだけを置くという戯曲上の指定だったとしても、観客には見えないその他のアイテムとのバランスを考慮して椅子選びをおこなうようにしています。

　小道具においてもう一つ重要なことは本番に使用するアイテムをできるだけ早く稽古場に揃えていくということです。勿論試行錯誤を繰り返すのが稽古場の本分なので代用品で稽古に臨む事も多々ありますが、その際にも大きさや重さ、使い勝手を極力本物に近づける努力が必要です。

特殊小道具

　一言で特殊小道具といっても色々な物があります。ＳＦ作品のように現実世界には存在しないような小道具に関してはデザイナーが必要になるでしょう。その場合も使い勝手やサイズ感を稽古場で検証し、デザイナーと製作の相談をしていくことになります。本物のでき上がりまでの代用品も用意しなければなりません。

　また特殊な例ですが、本物と全く同じ様に見えて尚且つ使用できる作り物を用意する事もあります。場面転換の都合で一人の転換要員が

簡単に持てる大型冷蔵庫とか、出演者が中から登場できる洗濯機とか、画面が発光して出演者の顔を照らせるノート型パソコンとか真っ二つに割れて壊れるテーブルなどなど。私もアイデアを考え図面にしたり時には自分で作ったりしています。これも舞台監督の重要な仕事だと考えています。

履き物

　最近はスタイリスト系の衣裳デザイナーも多くなったので「頭のてっぺんからつま先まで」全ておまかせというパターンもありますが、それでも履き物が演出部マターになる事は多々あります。その場合は演出部スタッフが担当して発注とフィッティングをしていきます。履き物も持ち道具と同様になるべく早めに出演者に渡すことが重要だと思います。それから舞台装置の実際の床材との相性の確認も舞台監督の重要なチェック項目になります。この相性の確認とその後の対処によって出演者の怪我の防止に繋がるからです。

特殊効果

　特殊効果に関してはプランナーがいることがかなり稀なので、舞台監督が演出家の希望を聞いてコーディネートすることが多いと思います。演出効果を高めるためにどの様な方法を取るかを特殊効果会社の担当者と話し合い、安全面、コスト面などを検討して決めていきます。本水による雨の表現や火薬の使用の時は、安全におこなうために行為場所の養生なども大道具会社と調整していきます。また付随する禁止行為解除申請も行わなくてはなりません。

　特殊効果を考える上で重要なのは専門的知識だと思います。例えばスモークひとつとっても機材の選択（申請の有無、操作音、DMX接続可能か）、設置場所の選定（劇場内の空気の流れ）、使用する液の選択（濃度、消え方）、送風システムの選択等々で何十通りもの表現が可能になります。

日頃から知識の幅を広げ新しい機材の情報を集めたり可能ならば実験をしたりして、上演にマッチした特殊効果を選択できるように努力することが大切だと思います。

映像

　最近の演劇ではかなりの頻度で映像が使われるようになってきました。映像にはソフトを作るデザイナーや本番のオペレーターが関わります。舞台監督は彼等とその他のプランナーやオペレーターとの調整をすることになります。特に投影場所やその材質等は大道具の発注にも関わるので早めに調整しなければなりません。またプロジェクターの設置場所を客席にせざるを得ない場合は防音やプロジェクター台の設置方法などにも注意が必要です。

　まだまだ他にも『スキマ産業的な物件』はあるとは思いますが、この辺りでこの項をまとめたいと思います。とかくマネージメントが主な仕事になる舞台監督にとって、『スキマ』こそ最大の表現の場だと私は思います。戯曲の読解力、演劇的知識を駆使してこの『スキマ』を埋めていく作業を楽しみましょう。

転換表のつくり方

みかみつかさ

　もとより転換表の作成は舞台監督自身の必須業務ではありえませんし、必ずしも必要なものでもありません。その演劇の上演規模や転換要員の人数によっても、そのスタイルは様々です。

　その表は主に舞台監督助手たちのために書かれますが、転換にかかわる他のパートの人たちも共有するべきものです。

　表と書きましたが、図面と言ったほうがいいかもしれません。これをもとにして演出意図にのっとりスムーズに転換をおこなうわけですから、とても大事なものと言えるでしょう。通常チーフ助手が書くことが多いですが、私は自分でやります。

　その理由は

　　　①作図が楽しい

　　　　小さな用紙の中にチマチマとあれこれ想定しながら転換情報
　　　　を盛り込む作業はなかなか楽しいものである

　　　②結構作図した人の個性や考え方が出る

　　　③作成する過程でいろいろなことがチェックできる

転換表作成にあたっての注意点を下記に列記します。

　　・用紙は舞台で常に携帯できる大きさにしたい

　　・俳優の動線を心しなければならない

　　・基本的にゾーンディフェンスで考える

　　・袖中も含めた動線を考える（特に拵え場）

　　・照明、音響、吊物、機構のきっかけも必要

　　・見やすいものにする（縮尺があっているに越したことはないが、
　　　分かりやすさを優先する）

・作図作業に没頭してはならない
　（木を見て森を見ないことの無いように）
・余裕のある動きにしたいものである（特に明転では）
・手動綱元は信頼のおける人を割り振る
　（舞台が見えないことが多い）
・得手不得手も考慮する
・書き込みができるように余白を多くとる

最後に転換表を作るにあたって、悩めるつぶやき。
・舞台監督は転換要員に加えてはいけない……のだが……
・転換は変更が続くが、転換表をいつ配布するか
　（変更のたびに配っても逆効果）
・あまり早く担当名を入れたものを配ると、自分のところしかや
　らないのが出てくるからなあ
・他のことでもいえるのだが、「これ決定ですね」ってすぐ言わ
　ないこと

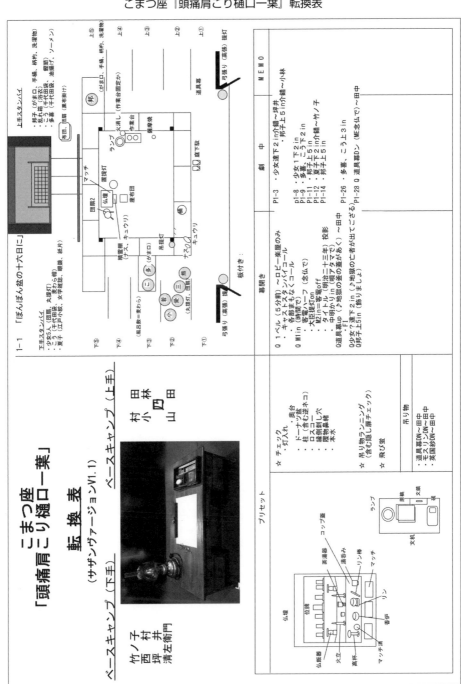

舞台稽古スケジュールをどう組み立てるか

矢野森一

舞台稽古スケジュールをどう組み立てるか？
舞台監督として舞台稽古は一番重要な時間です。

第 1 段階

・まず、仕事の依頼を受け、劇場、初日までの時間、予算（舞台費）、台本、演出家、各プランナー、俳優を準備段階にプロデューサーから教えられる
・この段階で大まかな舞台稽古スケジュールを組み立てる
・劇場の規模を考える。収容人数、機構、劇場スタッフを考慮する。これで仕込み時間を割り出す
・台本の構成を考え、転換等を考える
・演出家、各プランナーの方向性（癖）を考える
・初めての演出家、プランナーがいる場合は演出家、プランナーの前の作品を調べる
・ここで大まかなスケジュールを立て、時間がない場合は人で解決できるか？　それとも金で解決できるか？　を考える
・道具の仕込み時間を減らすために大きく作り現場作業等を減らす。（このために搬入トラックが増えたりする）
・バイトや作業員を増やすことも考える
・これで粗いスケジュールを作り、プロデューサーと相談する
ここまでの作業はどうしても経験が多くを占める

第 2 段階

・次に稽古が始まり、美術プランが固まったあたりに第 2 回目のス

ケジュールを作る

- ここで重要なのは、休憩時間をどう組み込むか？　です
- 照明プランはまだ出ていないが、照明の吊り込みの時間、シュートの時間を考えなくてはならないのです。次に美術の搬入仕込みの時間を考えます
  時間がかかりそうな場合、美術の工場で仮組みをすることも重要です。特に電動の道具がある場合は仮組し動かすことが重要。それとトラブルの解決方法も検討し対処法を身につけること
- 仕込み時の大道具の人数、バイトの人数を計算する
- 仕込みの手順を考える。次に遅れが出た場合の対処法を考えておくただし、休憩時間は必ず必要です
- 特に特殊な美術（砂、水等）の場合は入念に養生をやることです
- 音響、映像、特殊効果等にも時間を取ります

第３段階

- 次に俳優が舞台に上がった時の安全がどう確保されているか？を考えます
- ここで作成したスケジュールで劇場、プランナー、業者に見せて最終に向かいます。この作業はあまり細かくならない方がいいかと思います。フレキシブルに対処するようにします
- ここでは経験値を捨てて、考える力（想像力）が大事になる作業です
- 最終の舞台稽古スケジュールは仕込み５～７日前までに各セクション、業者に配る
- ここでも各セクションがちゃんと休憩時間が取れているか？　が大事です。そして、遅れが出た場合の対処法をしっかり考える
- 事故、怪我等の応急措置等をプロデューサーと相談しておく

以上３段階でスケジュールを組み立てていきます。
最初のスケジュールから変わっていくと思います。

岩戸堅一『麒麟にの・る』タイムテーブル

作品名　麒麟にの・る
公演期間　2019/12/28 ～ 2019/12/31
劇場　る・ひまわり/明治座
主催

仕込み日 12/24 9時～
舞台稽古 12/26

スタッフ

演出　島田康一
脚本　秋浜ムック
美術監督　金子英治／天明満志
舞台監督　岩戸堅一
株式会社アートシーン　048-678-9933　さいたま市緑区大崎1650-3
080-3727-0119

アルバイト10p

12月24日（火）

	9	30	10	30	11	30	12	30	13	30	14	30	15	30	16	30	17	30	18	30	19	30	20	30	21	30	22	30

12月25日（水）

舞台監督・お手伝い
照明・地絡器絡
音響
美術・装置

12月26日（木）

舞台監督・お手伝い
照明・地絡器絡
音響
美術・装置
出演者

「麒麟にの・る」

12月27日（金）

G.P 16時開始
act1　60　休憩　30　act2　55

13:00〜15:00（2h）
18:00〜22:00（4h）
全体修正

みかみつかさ『東海道四谷怪談』タイムテーブル

「東海道四谷怪談」舞台稽古予定表

当日変更になる場合もありますので、予めご了承下さい。
舞台監督　三上　司　　　　5/30現在

	10	11	12	13	14	15	16	17	18	19	20	21	22

6月1日（月）
11:00　搬入　アルバイト10P（11:00～21:00）
稽古～Cリハ（13:00～21:00）
マット移動
13:00　㊍幕類吊りかえ、床、吊りもの、壁ワゴン（暗転幕、大黒、文字）（雪、仕掛けもの）
切り穴、奈落（月、田楽、壁板、SP他）
㊝㊟吊り込み
㊟仕込み

2日（火）
10:00
稽古～Cリハ（13:00～21:00）
㊍パネル、A迫り、地ガスリ、雷、仕掛けもの（腰板、天井、階段他）
大道具テクリハ（パネル、ワゴン、迫り）（バミリ、動作手順キッカケ合わせ）
㊝仕込み
㊟回線チェック
㊟チェック

3日（水）
10:00
稽古～Cリハ（12:00～18:00）
Cリハ物移動（地ガスリ、小道具、衣裳、楽屋関係）
㊝フォーカシング　㊝フォーカシング　フォーカシング
スモーク
㊟チェック　　　　　　　　　　→
映像チェック
㊍Cリハ　バラシ搬出　バイト8P

4日（木）
㊐㊍バミリ、袖周り、トリ小屋、小道具配置、各場飾り
10:00
㊝明かりづくり　㊝明かりづくり（映像含む）　明かりづくり
㊟チェック
衣裳、かつら、ヘアーメイク、特効等準備　　　　→

5日（金）
10:00
テクリハ　？
13:00
お祓い
13:30　説明動線　序幕1　序幕2　休　序幕3　2幕-1
場あたり（扮装あり）
18:50　2幕-2
場あたり（扮装あり）

6日（土）
各部修正
13:00　2幕-3
場あたり（扮装あり）
各部修正/色直し？

7日（日）
各部修正
13:00　3幕　4幕　休　大詰1～2
場あたり（扮装あり）
カーテンコール
各部修正

8日（月）
各部修正
ダメ出し/ヌキ稽古
㊛ランスルー
18:00　通し稽古（扮装あり）

9日（火）
各部修正
ダメ出し/ヌキ稽古
㊛ランスルー
18:00　G　P

10日（水）
各部チェック
ダメ出し
㊛ランスルー　18:00
18:30　開場　初　日

搬入の味付け

みかみつかさ

　もとより搬入の具体的な作業に舞台監督が直接タッチすることはありません。トラックに乗ったり、張り物持って走ったりということは、まあやってもいいけど舞台監督はやらないほうがいいでしょう。（人手が全くいないというときはやらざるを得ませんが）

　搬入の時間帯は仕込みと重複しないとしても、舞台監督は墨出しをしたり、予定通り仕込めるか検討したりと、なかなか忙しいのです。

　とはいっても、搬入がスムーズにいくかどうかは後の作業に影響が及ぶので、結構気になるものです。トラックの台数や、搬入口の条件（上階か地下かフラットか、広いか狭いか）、または舞台の大きさ等によってもやり方はまちまちです。

　極力仕込みと同時におこなうのは避けたいものです。どんな場合でも各セクションが搬入の流れを把握していることが重要になります。

　ケガをしない・事故を起こさないためにもみんなでてんでにやらないで、担当チーフを決めて捌きをすること。最近は搬入の主力がアルバイトになっていますが、座組のメンバーみんながてんでに捌いているなんてこともないように。また、開始もいつの間にかズルズル始まることの無いようにしましょう。

　搬入・仕込みのために物に相番をつけることは必ずと言っていいくらいやりますが、色分けすることもやってみて下さい。これはチームのためというよりは、初見のアルバイトや搬入の手伝いなどの人たちがウロウロ迷わなくてすむためであり、遠くからでも判別できるためであり、物の紛失を避けるためであり、次の仕込みをスムーズに進めるためにも有効なものです。

私が日ごろ使うのは下記の通りです

　①上手〜赤

　②下手〜緑

　③中手〜オレンジ（黄色は分かりづらい）

　④楽屋〜ピンク

　⑤重要〜黒／黄のトラ（仕込みの最初に使うものなど）

　⑥客席・ロビー〜水色（青は黒と分かりづらい）

勿論、たくさんの平台とかたくさんのリノ、パンチなどの場合は一概に当てはめるわけにはいきませんが、いずれにしても捌くわけですから、上・下・楽屋・重要だけでもやると確実に一味違います。

　また、会社や個人でカラーコンテナを利用して色分けを行っているところが多いですが、それでも出し物独自の色分けは有効に機能すると思います。

　なんじゃい、だらだら書いて結局色分けかい、と思われるかもしれませんが（まあそうなんだけど）、とても大事なことです。

バラシ

澁谷壽久

　公演には終わりがあります。どんなロングラン作品でも必ず千穐楽を迎えます。

　沢山の観客の前での熱演を支えるために飾り込まれた舞台も空舞台に戻ります。

　「私は搬出、積み込みを終えて搬入口から眺める空舞台が好きです」と何かのインタビューの時に答えたことがありますが、そんな感傷に浸れるような余裕を持てるように『バラシ』の段取りを組むわけです。

バラシは終演後に始まる訳ではない

　バラシ当日の本番前、あるいは数日前からバラシの準備は始まります。バラシに限った事ではありませんが、舞台で常に重要なのは「捌き場所の確保」と「動線の整理」です。

　劇場の広さを問わず「仕込み・場当たり・舞台稽古」を通して袖まわりや舞台裏、時には搬入荷捌き場、楽屋廊下にいたるまで、劇場のあらゆる場所を我々は公演本番で使いやすいようにアレンジしていきます。それを現状復帰しなければならないのは当然ですが、その前にバラシ用に再レイアウトする必要があります。

　その場合の留意点としては
①現状復帰に向けての一時的な集積所の確保
②大道具等の解体に必要なスペースの確保
③安全に物を移動できる搬出動線の確保
　などがあります。これらに関して「バラシ打ち合わせ」等で全てのセクションとの調整と情報共有をおこなう必要があります。それをも

とに事前準備をして円滑なバラシをおこなえるようにします。

バラシはフライングしてはいけない

　バラシというのは常に殺気立つものです。誰しもが早く仕事を終えて帰りたいからでしょうか？　従って打ち合わせ通りに進んでいるかをチェックして、時には号令をかけることも舞台監督の重要な仕事です。以下注意点を書きます。

　　①公演本番中はいつもどおりに……忘れてはならないのは我々の本
　　　分は「上演する」ということです。
　　②袖中もいつもどおりに……バラシ用に袖中の配置替えをして出演
　　　者が戸惑う。これから使用する物を梱包してしまう。片付ける音
　　　がうるさい。これらは絶対にあってはいけない事です。
　　③バラシスタートは時間差で……終演時の舞台上の状態次第ですが、
　　　まず15分間掃除だけをするとか、小道具を片付けるのにかなりか
　　　かる場合は他のセクションを何分後からのスタートにするとか、
　　　打ち合わせで調整して効率的な時差スタートを設定すると良いで
　　　しょう。

人員配置

　舞台監督助手チームの搬出時の人員配置はサッカーのフォーメーションを的に考えるようにしています。トップはトラックの積み込みを主に行います。バラシのかなり早い時点で（一番に積む物の搬出と同時に）バラシから外れます。トップ下は積み込みに関して一番把握している者があたります。トラック周りの捌きと積み込み物の送り出しにあたります。積み込み計画はこのトップとトップ下の担当者が立てるといいでしょう。次が中盤ですが、私の場合このポジションに一番信頼しているメンバーを配置することが多いです。臨機応変に搬入口まわりと舞台で立ち回らなければなりません。最後がバックスです。小道具担当や衣裳係、楽屋まわりの制作メンバー達がラインを押し上げ

るように搬入口に近づいてくるとバラシも終盤になります。

　舞台監督は勿論ゴールキーパーです。全体を見渡せる位置で進行状況を確認して、各セクションの進行状況によっては微調整を行なっていきます。トップ下や中盤で走り回ろうとする舞台監督もいますが、私は一番後ろでこぼれ玉を拾うことをお勧めします。

バラシの流れ

　公演のジャンルや劇場の大小によって若干の違いはあるかもしれませんが、バラシのタイムテーブル例でこの項を終えようと思います。中規模の劇場における演劇のバラシを想定しています。参考にしてみて下さい。

　①バラシ打ち合わせ（数日前）

　②袖中整理（千穐楽公演前）

　③袖中小道具置場、早替り場、袖中パンチ、足元灯バラシ移動（終演後客出し中）

　④作業灯点灯、搬入口オープン（バラシ開始）

　⑤舞台中片付け、袖幕等飛ばし、屋台吊り＆ステージ置きの照明、音響機材バラシ

　⑥大道具順次バラシ、前明かりバラシ、音響卓まわりバラシ、小道具等梱包、以下順次搬出＆積み込み

　⑦床面敷物バラシ

　⑧大道具吊りものバラシ、音響仮設バラシ

　⑨照明吊りものバラシ＆現状復帰

　⑩劇場幕類等現状復帰、掃除、劇場機材収納

　バラシは仕込み舞台稽古以上にタイムテーブル通りには進まないものです。数日間かけて作ったものを数時間で無くすという無理な作業です。従って危険の度合いも他と比べて高くなります。しっかりと計画を立てて、臨機応変に指示を出し、安全で円滑なバラシを目指しま

171

しょう。

積み込んでみよう!

岩戸堅一

お芝居を作るにあたり「車」はとても重要なアイテムの一つです。
そこで「トラックへの積み込み」に関して書いてみたいと思います。
まず、始めに。

■【トラックの発注】は誰がするのか?

これは大きく分けて制作サイドの発注と舞台監督の発注の二通り
が存在します。また、どの運送会社にするかは制作サイドが決定し
発注は舞台監督という例もありますが概ねどちらかが発注担当にな
ります。

■【必ず発注確認】しよう!

昨今ではメールやラインなどでの発注も見受けられますができる
だけ発注書を作成し制作サイドと日時・台数・大きさなどの情報を
共有し、また舞台監督助手などにも情報を流しておきましょう。

■【請求書の送付先】を明確に!

制作サイドと取引のあるトラック業者ならばあまり心配は要りま
せんがお互いはじめての取引になる場合は「請求書の送付先」や入
金日時の確認を明確にしておきましょう。

■【ドライバー情報の入手】

ドライバーの連絡先は事前に入手。公演場所により車輌ナンバー
や車検証の提出を求められることもあります。

■【車輌の大きさの把握】

　昨今演劇専門の運送業者もいらっしゃいます。ピンポイントで大きさを指定する場合は事前に予約を入れておきます。9尺物のパネルが入るつもりだったのに！　などと後々後悔しないためにもトラックの大きさや大道具関係のサイズには注意をしておきましょう。

※備車

繁忙期などで車両が不足した際一時的に借りて運送してもらうこと。この備車にはいくつか注意が必要です。まず演劇専門のトラックではなく普段海鮮を専門に積んでいたり（冷蔵・冷凍）特定の建物へ搬入するために立端（トラックの内寸）が極端に低い場合などがあります。

　トラックの床及び壁面に全てアルミが貼ってあり積込時にパネルが滑り出し作業員が怪我をした事例もあります。またトラック床面中央にローラーがあり、うっかり足を挟まれたこともありますので発注時には注意が必要です。本来演劇専門で積み込みを行っていないので、積み込む際に必要な噛ませ物や当て物なども独自のものになりますので、備車と分かれば早めに追加資材などの発注及び確認が必要になってきます。

■【待機場所】

　トラックは駐車場で待機して待っているということがなかなか難しいので待機場所を予め指定する場合もあります。また、その場所すらない場合は時間通りに到着するようにします。

■【道路使用許可証】

　劇場の搬入口によっては道路を封鎖したりトラックを進行方向とは逆に駐車する場合もあります。その際は申請窓口へ届け出が必要になります。（文末参照）

　さて、今までは概ね事務的な話を進めてきましたがいよいよ実践編

です。

■【誰が・いつ・どうやって積むのかを考える】

　ツアーに出る場合や稽古場から劇場への移動などでトラックを使用するときは「混載」になる場合が多く見受けられます。

　例としてツアーに大型車一台にて各スタッフ会社より機材を積み込み地方の劇場への搬入を目的とした積み込み例を挙げていきます。

■【基本的な積み込み順】

　音響→照明→大道具→制作物・衣裳・物販等、なぜ「基本的」な積み込み順かと言えば長距離をする際は運転手の負担も考えてこの順番で積み込む方が良いでからです。

　ただし、毎日搬入から仕込みをするツアーの際には仕込み手順を考え敢えてこの例の逆に積み込むこともあります。また、ツアー最終日には返却のことを考え地理的条件を優先し積み込む場合もありますので都度考慮し安全に積み込むことが求められます。

■【下準備が整ったらいざ！　実際に積み込んでみましょう！】

　ツアーにでて各セクションがこぞって積み込む場合も各社が積み込む場合も共通するコツから解説していきます。

　1 積み込みの全体量を把握しどのように積むのかを考える。

　2 荷崩れを起こさないように考える。

　3 搬入口や搬入順序を考える。

　4 重いものは下に積む。

　5 高さを揃える。

　6 隙間がないように積む。

　7 荷室全体のバランスを考える。

【解説】

1 積み込みの全体量を把握しどのように積むのかを考える。

　ドライバーが全体の物量を把握しているのではないので基本的には

積み込みはツアースタッフが積み込みます。勿論ツアーに出て積み
込みが常態化し方向性ができてくるとドライバーも積極的に積み込
みに参加してもらいます。

2 荷崩れを起こさないように考える。

急ブレーキ・急加速などは論外ですが例えそのような事態になった
としてもなるべく荷崩れを越さないように積み込みます。

ラッシングバーやラッシング、噛ませる材料やコンパネなど要所に
荷室と機材を固定できるように積み込んでいきます。

3 搬入口や搬入順序を考える。

搬入口といっても様々な形状があります。搬入経路はもとよりトラ
ックヤードの高さ、広さ、荷捌き場の有無など条件は各劇場によっ
て違いがあります。事前に劇場に連絡をとって、ある程度確認はし
ていても当日の天候などにより搬入経路を変更することもあります。
都度対応を迫られますが皆で知恵を出し合い乗り切っていきましょ
う。また、搬入の順序＝仕込みの順序と考えても差し支えはないか
もしれません。搬入経路に荷物が停滞しないように人員の配置や指
示を出せる人間の配置に配慮しましょう。

4 重いものは下に積む。

一見当たり前のように思えますが積み込みの全体像がわかっていな
いと積み直すことにつながります。慌てずに全体像を考えましょう。
重い物を上部に積むことは激しい荷崩れを起こすことにもつながり
ます。

5 高さを揃える。

高さを揃えることによりさらに上部への積み込みが容易くなります。
なるべく高さと奥行きを揃えて積み込むことを心がけましょう。

6 隙間がないように積む。

荷室に隙間があるとラッシングの緩みにもつながり走行中荷物が暴
れてしまいます。

いざ扉を開けると崩れて大怪我をするなどということの無いように

隙間なく積み込みましょう。

7 荷室全体のバランスを考える。

　意外と忘れがちな項目とも言えますが荷室のバランスを考えること
は運転手の負担軽減につながります。長距離を走るドライバーにと
って荷室が安定しているととても走行しやすくなります。
荷室全体の重量バランスを考えましょう。

■専門の機材はなるべく担当部署に任せましょう

　特に音響・照明・映像など精密機器を扱うセクションはデリケー
トな機材も多くその方々でないと縦に積んでいいのか横に積まなく
てはいけないのか判断をしかねるものも存在します。なるべくその
セクションの方々に担当機材は積み込んでもらいましょう。

■アルバイトはどこまでお手伝いできますか？

　積み込みは危険をともなう作業の一つです。それぞれ考え方はあ
りますが基本的には「荷物を運ぶ」までをアルバイトの仕事とします。
積み込みにともなう荷室での荷物の「押さえ」はできる限りさせな
いようにカンパニーの員数を揃えておきましょう。

■とにかく「声をだして確認」

　無口で人見知りなアルバイトさんや初現場の方々などいろんな方
が現場には集まります。とにかく声を出し合い荷物の受け取り確認
をしましょう。

■怪我をしたらどうするの？

　勿論怪我の無いように積み込み担当者は相応の方を配置しますが、
それでも万が一怪我人が出てしまった場合はすみやかに舞台監督・
制作・当事者含めて怪我の手当てをし必要なら救急・警察への通報
も行います。あらかじめツアースタッフにはコンタクトシートに緊

急連絡先・血液型などを控えたものも用意しておくと便利です。
また、保険証のコピーもあるとよいでしょう。
労災の適用範囲も主催と事前に打ち合わせができていることが望ましいです。

道路使用許可申請書の例

別記様式第六（第十条関係）

<table>
<tr><td colspan="4" align="center">道 路 使 用 許 可 申 請 書</td></tr>
<tr><td colspan="4">警 察 署 長 殿　　　　　　　　　　　　　　　　　年　　月　　日
　　　　　　　　　　　　　　　　住所
　　　　　　　　　　　　申請者
　　　　　　　　　　　　　　　　氏名　　　　　　　　㊞</td></tr>
<tr><td colspan="2">道路使用の目的</td><td colspan="2"></td></tr>
<tr><td colspan="2">場所又は区間</td><td colspan="2"></td></tr>
<tr><td colspan="2">期　　間</td><td colspan="2">年　月　日　時　から　　年　月　日　時　まで</td></tr>
<tr><td colspan="2">方法又は形態</td><td colspan="2"></td></tr>
<tr><td colspan="2">添 付 書 類</td><td colspan="2"></td></tr>
<tr><td rowspan="2">現 場
責任者</td><td>住 所</td><td colspan="2"></td></tr>
<tr><td>氏 名</td><td></td><td>電 話</td></tr>
<tr><td colspan="4">第　　　　号
　　　　　道 路 使 用 許 可 証
上記のとおり許可する。ただし、次の条件に従うこと。
条件
　　　　　　　　　　　　　　　　　　年　　月　　日
　　　　　　　　　　　　　　　　警察署長　㊞</td></tr>
</table>

備考　1　申請者が法人であるときは、申請者の欄には、その名称、主たる事務所の所在地及び代表者の氏名を記載すること。
　　　2　申請者は、氏名の記載と押印に代えて、署名することができる。
　　　3　方法又は形態の欄には、工事又は作業の方法、使用図種、行事等の参加人員、通行の形態又は方法等使用について必要な事項を記載すること。
　　　4　添付書類の欄には、道路使用の場所、方法等を明らかにした図面その他必要な書類を添付した場合に、その書類名を記載すること。
　　　5　用紙の大きさは、日本産業規格Ａ列４番とする。

178

手抜きの作法

みかみつかさ

　舞台監督業務は多岐にわたり、一人でこなすのは困難になってきていますので、チームを組んでおこなうことがほとんどですが、そこで気を付けなければいけないのが、舞台監督自身がやらなければならない仕事と、助手がやる仕事との見極めです。

　何でもやる舞台監督が結構多いのですが、どこまで手を出すかはその人のスタイルで、言ってみれば個的な付加価値ですから、マネジメントという本筋を決して置き忘れてはいけません。

　とは言えたとえ書類作成であっても、何かを作るというのはそれだけで楽しいものですからどうしても手を出したくなりますし、手を出すこと自体は一概に悪いこととは言えません。要は決して自分の嗜好でやるのではなく、手の抜き方というか適切な配分を考えなければならないということです。

　舞台監督の奥儀は手の抜き方にあるといってもいいのです。抜きすぎるとバカじゃないのと言われますし、抜かないと鬼かと言われます。この匙加減ができるともうその人はＳ級です。

　チームとしての舞台監督業のその中には、舞台監督自身がやるべき仕事はそう多くはありません。そのほとんどは、助手たちが適切に執りおこなういわばツールです。

　もう一つの問題は、第１部で舞台監督のスタンス・考え方や立場が語られましたが、ではチームとしての業務になった時、その舞台監督の考え方がどうやればチームに反映されるのかという問題です。

　舞台監督は自身の方向性を何とかメンバーに理解してもらおうとしますが、これがなかなか難しい。ほとんど絶望的と言ってもいい。

人それぞれ個性・仕事の仕方が違うので、口では「共有」と言ったりしますが、泣きたくなるくらい難しいです。仕事のできる人、経験年数の多い人は言うことを聞かないで勝手に動くと言いますが、年数も出来不出来も実は関係ありません。

私なんぞは昔から使いづらい奴でした。メンバーの無表情で眼球だけがどちらかによっている表情を見ると、いまだに明らかに受け入れられていないのが分かります。

余談はさておき、結論を言えば舞台監督の方針をガチで徹底させることは、現状では往々にして軋轢を生むことのほうが多くて、舞台監督にそこまで求める仕事はなかなかありません。無理を通せば圧倒的に次の仕事がなくなる場合が多いです。

そこで登場するのが「手の抜き方」です。私の考えはこうです。舞台監督の仕事はチームひっくるめての「舞台監督」と思っています。舞台監督何の何某というときは、そのチーム全体をも指していると思っています。

ただ良し悪しにかかわらず責任は頭領である舞台監督個人にかかってきますが（そういうところから助手のギャラは舞台監督が決めるという風になっているのかもしれません）。

舞台監督チームは守備範囲が広くて、重労働になりがちです。劇創造に関与する楽しさはあるのですが、その労働環境には十分心しなくてはなりません。そのことに関しても絶妙な匙加減の「手の抜き方」が必要になるのです。

「手抜きの匙加減」は間違えると元も子もありません、というか失敗すると仕事が来なくなる……でしょう。

執筆者紹介

浅香哲哉

　ずっとフリーで、公とか組織とかにあまり興味のなかった私が、このプロジェクトに参加することになったのは、我武者羅に働いていた時期も遙かに過ぎ、立ち位置も変わり、仕事の数も大分減っていた頃のことでした。以前から、演じてしまえば消えてなくなる芝居だからこそ、継続することに意義があるのだと考えていた私は、演者は言うに及ばず、どのスタッフよりも最も表立たずに何も残らない、この舞台監督という仕事の、継続や伝承ということに興味を持ち始めていたこともあり、声を掛けていただいたときには、二つ返事で引き受けました。フリーランスとしての参加でしたが、舞台監督協会のバックアップと、メンバーの協会への入会を知るに及んで私も協会員となりました。しかし、昨今のパンデミック騒動の中で、知らぬうちに除籍（？）になったうえに、なくなってしまった仕事の数々。自己存在否定感と意欲の喪失。仕事の再開で元に戻れると信じつつ、研究室として協会と袂を分かち存続することになったことに、本来の意義を取り戻し、これを読む人々と共に、再び歩み続けられることを祈るばかりです。

　　フリー。松竹を主に商業演劇と言われる分野を中心に、歌舞伎、新派、新国劇、松竹新喜劇から、様々な一般演劇や歌手の芝居まで、果ては単発の舞踊会や個人の発表会・イベントにいたるまでこなす。評価は別にして仕事をしたというだけなら、つきあった演出家は80人を超える。今のところ生涯フリー。学校を卒業して以来、所属したことのあるのは、日本国と舞台監督協会のみ。業界的には何でもやるので「五目屋」と揶揄される。

岩戸堅一

　「読本」発刊にむけて。令和2年に「新型コロナウイルス」という今までにない社会的な危機を迎えました。それに伴い演劇界全体も公演の延期や中止を余儀なくされフリーで働いている方が約7割を占めると言われているこの演劇スタッフにもその影響が及んでいます。みなさん色々とご苦労はそれぞれあるとは思いますがさりとてあまりしょげているわけにもいきません。

　今回わたしは舞台監督という職業について改めて考えてみるという機会に恵まれました。素敵な諸先輩の方々と意見を交換しなかなか読み応えのある「一冊」になっていると思います。舞台監督というものは「できないよりはできたほうがいい事」は沢山ありますが「これができないといけない」というスキルは特別ありません。なのでこの本を手に取ったあなたは明日にでも「舞台監督」になることができます。

　ええ、それほど難しくはありません。きっと誰でもできます。でも誰にもはできません。その謎解きのような答えをこの本の中から探してみてください。そして、読み終わったあときっと貴方はこの読本を誰かに勧めたくなるでしょう。なぜならまず、カップラーメンの蓋を押さえるのに役立ちます。パラパラとめくれば程よい風も吹き暑い時には団扇の代わりにもなります。枕が少し低いと感じた時は高さを合わせるのにもどうぞ。そんな素敵な「舞台監督読本」最後まで楽しんでください

㈱ Art Scene（アートシーン）代表。
様々なジャンルで舞台監督を務める。主な参加作品は『ゲゲゲの鬼太郎』ラサール石井演出、『年が暮れ・るＹＯ明治座大合戦祭』板垣恭一演出、ミュージカルコメディ『死神』鵜山仁演出、『僕のド・ラーク』鈴木勝秀演出、『ハルシオンデイズ』鴻上尚史演出、『PSYCHO-PASS』本広克行演出、『チェーザレ』小山ゆうな演出など。

大刀佑介

　舞台監督とは何か。

　日々の仕事に追われて無意識にしか考えていなかったことを文章にすること、先輩方の原稿を読むことで、舞台監督の仕事について改めて考えるきっかけとなりました。

　また、書ききれなかった内容もまだまだ？　あります。そして、これからも舞台監督は時代に合わせて変わり続けていくと思います。続編も視野に「舞台監督とは何か」、「舞台監督の仕事とは何か」これからも考えていきたいと思っています。

　とは言え、舞台監督は実践ありきです。現場ではこの本を手に、怒られ怒鳴られ、土下座して、冷や汗まみれで邁進していこうと思っています。

　「虚構の劇団」（鴻上尚史主宰）に演出部として所属。劇団公演、小劇場の舞台監督を経て、近年は外部公演を中心に活動。鴻上尚史、熊林弘高、鄭義信、渡辺えり、鐘下辰男、千葉哲也、木野花各氏などの作品に舞台監督として参加している。また、ライフワークとして、ぽこぽこクラブ、EPOCHMAN、アナログスイッチの公演に携わっている。

澁谷壽久

　私は40年程前にこの業界に足を踏み入れた当初、新劇の某劇団に所属して舞台スタッフとしてのイロハを学びました。

　技術はもとより精神論、しきたり、仁義を軍隊式に叩き込まれました。角界でいうところの「可愛がり」をしてくれた諸先輩方を恨んだ事もありましたが、今は感謝の気持ちで一杯です（ということにしておきます）。

　ある時期まで演劇集団がおこなう育成システムが優れたスタッフを輩出してきたことは間違いありません。しかし年号が二つ変わった令和の世では、この手の学習システムが極端に少なくなっていると感じています。舞台監督の歴史や学校演劇等の手引書は多数ありますが、舞台監督的な考え方のハウツー本は少ないようです。私が思春期に歴史的名著「ハウツーセックス」を手にした時の感動と喜びを、舞台監督を志す若者に感じていただければ幸いです。

　本書を読んで、舞台監督が何をどの様に考えて行動しているかを知っていただきたいと思います。

フリー。劇団青年座に入団し、20代は４ｔトラックを運転し学校公演に従事、30代に入り劇団公演の舞台監督を務めつつ外部公演にも積極的に参加する。退団後は、宮田慶子、永井愛、鴻上尚史、J.ケアード、森新太郎、熊林弘高各氏の演出作品はじめ、ストレートプレイからミュージカルまで様々なプロデュース公演の舞台監督を務めている。

田中伸幸

　かれこれ15年になります。

　「舞台監督の仕事ってなんだろう？」ということで、月に一回集まって話し合いが始まったのがこの舞台監督研究室です。

　話し合っていくうちに、我々の先輩たちから教わった事、見てきた事、我々のやってきた事を検証することになったのですが、舞台監督のスタイルは人それぞれですので、なかなか到達点が見つかりませんでした。それならば舞台監督として少なくとも何をするのか・何をしたら良いのかをこれからの舞台監督へ伝え、継承しようということになり、冊子を作り舞台監督を目指す人たちに届けようとするものです。

　私流では有りますが、最低限必要と思われる「舞台監督って」を書いてみました。

　　桜美林大学特任講師。新国立劇場演劇研修所特別講師。東京ヴォードヴィルショーで初舞台監督以降、木村光一・栗山民也・つかこうへい・鵜山仁・平田オリザ・野村萬斎・森新太郎各氏などの演出作品にフリーの舞台監督で参加。2001年「演劇集団 円」に入団。第10回読売演劇大賞優秀スタッフ賞受賞。

北條 孝

　舞台監督という仕事は、なかなか人に伝えることが難しい。

　おおまかなイメージやその仕事の範囲は伝えられても、仕事の幹の分を表現しづらい。

　それは舞台監督の役を背負った個々人が、それぞれの現場や座組の中で、中身を変化あるいは進化？　させてきたからではないだろうか？

　ストレートプレイ・ミュージカル・商業演劇・小劇場など様々なフィールドで仕事をしている舞台監督の変異ウィルス達が、舞台監督について語ってくれた違いの中に「共通の志」を私は感じているが、読まれた方はいかがでしたでしょうか？

　考えれば考えるほど語り足りないし自分の現状とは違っているような気もするが、時間切れだ!!

　一度区切って、また新しい皆さん共々、語り続けたいものだ。

㈲ニケステージワークス所属。植木屋から始まり寿司屋、水道工事等の仕事に携わるも、全て物にならず。30才を前に当時社会の吹き溜まりのような環境にあった舞台裏方の世界にひろわれる。翌年、東京バレエ団の海外公演メンバーに突然選抜され、裏方に開眼。以来、様々なジャンルの舞台に関わる。現在、若干賞味期限切れの感あるも、競馬と裏方業の両輪で人生をささえつつ現在に至る。

みかみつかさ

「みかみさん、舞台監督って何やってるんですか？」、私が可児市文化創造センターに勤めていた時に幾度となく言われた言葉です。また各地の講座・ワークショップに参加した時も同様の質問を受けました。たしかに舞台監督は【もの】を媒体とした仕事ではないので何をやっているか分かりづらいポジションにあります。

プロの世界では不可欠となっていますが、一般的には「何する人？」と言われるような職業です。我々の現場でも分かったようでわからないところがあります。まあそんなこんなで一度舞台監督の本分は何なのか検証したほうがいいのではと思ったことから、自分の力量の無さを棚に上げて、業務の検証→『舞台監督読本』に参加しています。

私の文章が内容に乏しいことは自覚していますし、他のことも含めて議論が不十分なことは否めませんが、『舞台監督読本』がこれからの論議活性化に少しでもつながればと思って続けてきました。

私はもう賞味期限切れですので、ここに書かれたあーでもないこーでもないが、たとえ反面教師としてであれ、賞味期限切れでない人たちへの刺激剤になればよいと考えます。

> フリー。裏方界では揉み手のみかみと呼ばれてン十年。今や指紋もすり減ってなくなっている。舞台監督業のほとんどがいわゆる「中間演劇」(死語)であるのは、そこに深淵なる考えがある……わけではなく、全く譜面が読めないからだという説が有力である。あちこちで仕事をしているが、仕事内容も評判もあまりいいとは言えない。『ステージ・クルー』というグループや、可児市文化創造センターに所属していたこともある。

矢野森一

　未来の舞台監督。これからの舞台監督はどうなるかを考えて見ます。黒のＴシャツ、黒パンツ、雪駄にガチ袋。これもだんだん過去のスタイルになっています。ヘルメット、安全靴、ハーネスはもう日常的になってきました。休憩時間をしっかり取り、安全をよく考えているような気もします。そして今は呑むとなると居酒屋チェーン店が定番で、その後にカラオケに流れていく。値段も手頃で明朗会計、ハズレの心配がない。どちらも知り合い同士で楽しむ空間です。個室などで引きこもれる空間。ハズレでも色々な人たちがくるガード下の飲み屋、古い横丁のスナック等で初めて会った年配のお客や、濃い化粧のママの話は面白いです。裏方だけでなく編集者や画家、ミュージシャン等多種多彩な人々と話をし、揉めたり、喧嘩したりでした。そして旅公演でも今はコンビニからホテルへさっさと帰るようです。一昔前は旅館でどこかの部屋（若い人の部屋が多い）が飲み部屋になってよく飲んでいました。そうかと思えば駅裏の横丁の怪しいバーや飲み屋で地の魚を食べたり、どうでもいいその土地の話を楽しんでいました。色々な人の話を血となり肉として知識を増やしていたのかもしれません。歳や役職に関係なく話ができた気がします。今はどんどん専門的になり、専門以外は知らないのではないでしょうか。今の人の方が不器用なのかもしれません。パソコンで書いたスケジュール表や図面。見やすいのはいいことだと思いますが誰が書いても同じようです。未来の舞台監督像ははっきり見えません。舞台芸術においてはAIで進行できるとは思いません。楽しく明るい未来の舞台監督を作りましょう。

劇団四季を経てスタッフ集団「スーパースタッフ・ヤンヤ」を設立。その後フリー。パルコ劇場、こまつ座、松竹、ホリプロ、新国立劇場他数多くの舞台監督を務める。第2回倉林誠一郎賞受賞。

あとがき

　「舞台監督研究室」は始めはただ単に「研究室」という名でした。ゆるいサロンのような集まりで(今でもそうだが)、仕事のことを話し合ったりワークショップなどをやったりしています。いつの頃からか「職務の核となるものはなんだろう」という話となり、数年前から何人かが舞台監督協会に入会して、我々の検証を現場につなげるために冊子を出そうということになりました。皆忙しい身でもあり、新型コロナのパンデミックに見舞われたりで、なかなか議論の深化に至っていないのが現状です。内容に関しても少し古くなった感もありますが、現在の我々のスタンスを明示することは、論議の活発化につながるのではないかと考えています。「はじめに」にもありますが、この小冊子が多くの人々の関心を呼び、我々の職能についての理解が深まることを望みます。業務のありようは分母の変化に伴って自ずと変わらざるを得ないので、その都度業務の本分とは何かを検証して、現場へとつなげることは必要なことと思います。今回の検証で導きだされたマネジメントというキーワードがこれからどのように展開していくのか、議論を深めていくことが求められます。本冊子の構成はお題を決めて各人が原稿を書き、それをもとに議論する形をとりました。全体の統一性にはこだわりませんでしたので、原稿の文責は各執筆者にあります。出版・編集に際しては四海書房の猪飼さんにプロの立場から適切にアドバイスしていただいたことを感謝いたします。さらにクラウドファンディングで多くの方々の御支援により、本冊子が刊行できましたことをお礼申し上げます。また日本舞台監督協会の会員の方や他の人たちと議論できたことを感謝します。　（み）

本書の刊行にご協力いただいた皆様

（以下、敬称略。順不同）

◎沢田　裕位
　（演劇 net laninng）
◎植村啓市
◎奥山緑
◎齋藤　誠
◎渡辺芳博
◎千一
◎小池れい
◎坂本健
　（ぽこぽこクラブ）
◎神守陽介
◎ヘッズオンステージ！
◎株式会社ショウビズ
　坂　紀史
◎小林　雅耶
◎さえこ
◎今中一成
◎箱田博之
◎高岡　健太朗
◎河口琢磨
◎ラセンス
　─小劇場データベース
◎杉浦一輝
　（ぽこぽこクラブ）
◎春おやぢ
◎よん
◎柴田　悟司
◎田中圭介
◎濱田龍司
　（劇団ペテカン）
◎ジャン・おじゃんこ
◎中村遊理
◎篠原　直美
◎サンケイホールブリーゼ
　代表取締役社長
　大竹正紘
◎松田典子
◎でりえる

◎森田トモカ
◎須貝杏香
◎三浦きょうこ
◎木元太郎
◎山崎響子
◎冨田雅子
◎水無月ハル
◎中西隆雄
◎岡谷すわ子
◎tabusa kayo
◎Tommy
◎ＴＰＴ
◎野口裕樹
◎串山麻衣
◎長谷川ちえ
◎佐藤裕樹
◎藤田赤目
◎かん たかし
◎寺田真理
◎吉田恭大
◎新井静
◎伊礼彼方
◎Rina Hirabayashi
◎渡辺茅花
◎mii
◎㈱六工房
◎小宮山雄太
◎河村都
◎久保田広美
　（株式会社マノハラ）
◎伏木香織
◎木﨑宏司
◎秋山江奈
◎河野桃子
◎染谷歩
◎俵山公夫
◎トミザワタクミ
◎川本博子

◎伊達　紀行
◎mikamibonn
◎chico
◎栗林督英
◎谷澤拓巳
◎松丸　将
◎籔内　暖
◎齊藤暢克
◎加瀬貴広
◎本中野しのぶ
◎佐藤慎哉
◎小沢道成
◎RAF 山本 愛
◎かえる2号
◎阿部仁幸
◎村田　明
◎大石晟雄
◎宝代裕規
◎中野美奈
◎杉山陽洋
◎pideo
◎阿部哲也
◎Shilo Ponz
◎本庄 正和
◎74no par
◎榎太郎
◎山田和也
◎山田圭
◎花柳典幸
◎杉浦由香
◎高橋戦車
◎鈴木 香織
◎小林 勇陽
◎林次樹
◎ちゃ
◎高宮知数
◎阪本隆司
◎山田修市

◎米澤美紀
◎佐藤朋有子
◎三原玄也
◎花天月地プロジェクト
◎oryuchan
◎PenguinNoise
◎鈴木アキラ
◎全部假的
◎黒川竹春
◎堀信喜一
◎鈴木ささる
◎佐藤庄太
◎橋本一生
◎芝田遼
◎次田 満夫
◎飯塚悠介
◎井上亜矢子
◎田中力也
◎布目藍人
◎乳原一美
◎有限会社アイコニクス
　石井高彦
◎くろずこんび
　蓬真一
◎シアタークリエ
　幕内一同
◎伊藤 貴子
◎阿部 修平
◎うつみたけし
◎難波田良紀
◎松澤延拓
◎辻 徹
◎高円寺 K'sスタジオ
◎秦野優子
◎パルコフジタ
◎人形浄瑠璃
　床世話
　氏家弘二
◎つじお
◎小田切寛
◎小松正俊
◎武田萬

◎今村妙子
◎こくみん共済
　coop ホール
　／スペース・ゼロ
◎高月大和
◎櫻井拓朗
◎伊東香菜
◎香月拓真
◎Shitatu
◎金瑛美
◎茂原里華
◎株式会社オングストローム
◎伽藍博物堂
◎亀井將人
◎小金井伸一
◎楳木涼子
◎佐々木知穂
◎シンシアプロデュース
　近藤和彦
◎杉田健介
◎山田和音
◎宮川雅彦
◎兵頭拓磨
◎hanako
◎斧研雅子
◎きーこ
◎坂内太
◎丸山賢一
◎Junichi Akagawa
◎灯
◎いけだ
◎夏実
◎田部　髙久
◎和己
◎菊池祐児
◎梅田昌史
◎中島沙結耶
◎小島　吉弘
◎江崎奈美
◎松林秀和
◎トクマスヒロミ
◎ヨシダケイスケ

◎黒澤多生
◎いずみたく
◎長沼仁
◎廣川麻子
◎大内　昇三
◎丸山直己
◎馬瀬英明
◎吉田琢雄
◎原田大輔
◎みんみ
◎うえだみな
◎坂本秀夫
◎江崎広訓
◎乗峯雅寛
◎谷本　誠
◎山中聖子
◎彬田れもん
◎TAK
◎田辺幹雄
◎佐藤典久
◎遠藤美彦
◎伊坂直人
◎尾崎　要
◎さとうあおい
◎240
　福田彩子
◎金井大道具
　代表取締役
　金井勇一郎
◎こやの
◎沙希
◎hige
◎ながし
◎伊藤理恵子
◎つきみ
◎らっきょこんぶ
◎masa's factory
◎丸山織世
◎小林祐真
◎金子彰宏
◎伊豆原友美
◎村田有紀子

◎植松りか
◎ふな
◎北原翔太
◎藤井敬子
◎堂山真一
◎水本貴士
◎村上輔
◎髙橋大輔
◎myu
◎高崎真介
◎オフィス・REN
　福本
◎松澤くれは
◎鴻上尚史
◎前田拓也
◎イマダトム
◎むさしの
◎キリシマアトリ
◎横田遼
◎麓貴志
◎株式会社沼野組
　沼野友紀
◎kanoko shimizu
◎キャメロン
　瀬藤謙友
◎徳里新
◎沢渡健太郎
◎多田野
◎津村恵美
◎薄荷
◎野崎哲也
◎かっぱっ
◎加茂慶太郎
◎つげともこ
◎城田美樹
◎伊藤絢子
◎BaCK STaGE PROJECT
　produced by
　近眼ロボット株式会社
◎野口貴也
◎山守 貴子
◎田口麻紀子

◎小野里大輔
◎Nishiyana Toshiaki
◎平野直理子
◎遠藤仁美
◎KUMAKIRI
◎中野亜美
◎諏訪桃子
◎めこ
◎鈴木　遊
◎栞
◎ユメ
◎寺岡俊之
◎DISCOLOR Company
◎青木哲
◎篠木一吉
◎沢柳優大
◎西脇龍太
◎たろす
◎永瀬由二
◎藤井清美
◎朝日望
◎七志野
◎上村　玲奈
◎橘涼香
◎青木麻莉子
◎各務 瑞恵
◎松嵜耕治
◎本多祐士
◎今尾博之
◎小松 洋平
◎照明家
　外舘祐治
◎神野友紀
◎ともじゅん
◎渡邊康平
◎宮城まどか
◎瀬見
◎かねき あや
◎平井隆也
　（吉祥寺GORILLA）
◎原義則
　（舞台猫乃手）

◎近江就成
◎下野 雄哉
◎野村沙也子
◎tsunpei
◎矢﨑和哉
◎朱雀新吾
◎高山朋和
◎矢崎貢
◎Kaneki Yoichi
◎あゆこ
◎くーにゃん
◎みなまほ
◎潮田律乃
◎米倉幸雄
◎岡野浩之
◎加瀬幸恵
◎田口綾香
◎akira.510
◎庄司武志
◎山入桂吾
◎はりー
◎中西
◎戸田　剛
◎山口宏子
◎にーやん
◎為ヶ井
◎佐藤和彦
◎内藤美奈子
◎イバラキプリン
◎富澤素子
◎中嶋正留
◎H.U.
◎高山晴彦
◎杣谷昌洋
◎canbit
◎中村希
◎小沢修司
◎内海洋介
◎璃子・晴翔・咲翔
◎株式会社フラットステージ
　川島　久路
◎ボビー中西

◎前原秀一
◎舞台照明家
　湯澤薫
◎高野しのぶ
◎植松侑子
◎fringe
　（荻野達也）
◎志賀二郎
◎元学生演劇スタッフ
◎岡田康之
◎杉野寿樹
◎横堀応彦
◎落合佳人
◎柴原貞幸
◎秦 元樹
◎小堀陽平
◎前田真美
◎T.NISHINO
◎荒牧 大道
◎川島 香
◎大森勇治
◎木屋村優花
◎斉藤繁晴
◎中原和樹
◎中村佳那
◎Bookworm
◎みか
◎伊東和則写真事務所
◎真柴
◎今泉馨
◎こしょう
◎柳川忠之
◎浦本佳亮
◎城井香瑠
◎松岡泰之
◎瀬戸憲一
◎金能弘
◎荒川隆
◎内藤陽子

◎orangehippo
◎伊藤 大
◎井上朗子
◎沢崎冬日
◎アカルイミライ
◎あーや
◎大島 祐夫
◎須藤信也
◎Mugu
◎小島利周
◎髙橋ちあき
◎田窪桜子
◎坂口阿紀
◎平山正太郎
◎宮澤一彦
◎野村うららか
◎池田克成
◎杉浦充
◎土岐 研一
◎なつみこ
◎笹浦暢大
◎森岡東洋志
◎杉田麻諭果
◎横山華
◎荻原秋裕
◎佐藤恵
◎関谷 潔司
◎中川隆一
◎橋本迅矢
◎高原良明
◎徳永京子
◎高田雅士
◎竹内章子
◎詩川玲
◎鈴木和幸
◎松井るみ
◎㈱ファットオフィス
◎宮腰 慧
◎森川環

◎有限会社奥松かつら
◎松竹株式会社
　開発企画部
　野間一平
◎株式会社ステージワークURAK
　浦 弘毅
◎有限会社ニューフェイズ
　三瓶雅史
◎石元俊二
◎小田桐秀一
◎倉本泰史
◎C-COM 村田
◎株式会社 Roots
　幸光 順平
◎k.miyata
◎有限会社
　オサフネ製作所
◎かつらや
◎スタッフクラブ21
◎株式会社キーストーンズ
　小林清隆
　今野健一
　中村貴彦
　倉科史典
　和田健汰
　長澤弥生
◎松竹衣裳株式会社
◎㈱ライティングカンパニー
　あかり組
　小沢淳
◎一般社団法人
　舞台芸術共同企画
◎坪井彰宏
◎黒尾芳昭
◎久保年末
◎㈱マイド
◎勝柴次朗
　（勝柴オフィス）
◎㈲オフィス新音
◎沢田祐二

舞台監督読本
舞台はこうしてつくられる

2021年9月30日　初版発行

著　者　舞台監督研究室
発行者　猪飼　大輔
発行所　株式会社 四海書房
　　　　〒153-0061　東京都目黒区中目黒2-8-7-303
　　　　TEL：03(5794)4771　FAX：03(5794)4772
　　　　email：shikai@jeans.ocn.ne.jp
印刷所　株式会社平河工業社